BION: A DÉCIMA FACE

Blucher

BION: A DÉCIMA FACE

Novos desdobramentos

Organizadores

Cecil José Rezze

Celso Antonio Vieira de Camargo

Evelise de Souza Marra

Bion: a décima face: novos desdobramentos
© 2018 Cecil José Rezze, Celso Antonio Vieira de Camargo e
Evelise de Souza Marra (organizadores)
Editora Edgard Blücher Ltda.

Imagem da capa: iStockphoto

Blucher

Rua Pedroso Alvarenga, 1245, 4º andar
04531-934 – São Paulo – SP – Brasil
Tel.: 55 11 3078-5366
contato@blucher.com.br
www.blucher.com.br

Segundo o Novo Acordo Ortográfico, conforme 5. ed. do *Vocabulário Ortográfico da Língua Portuguesa*, Academia Brasileira de Letras, março de 2009.

É proibida a reprodução total ou parcial por quaisquer meios sem autorização escrita da editora.

Todos os direitos reservados pela Editora Edgard Blücher Ltda.

Dados Internacionais de Catalogação na Publicação (CIP)
Angélica Ilacqua CRB-8/7057

Bion : a décima face : novos desdobramentos / organizadores : Cecil José Rezze, Celso Antonio Vieira de Camargo, Evelise de Souza Marra. – São Paulo : Blucher, 2018.
264 p.

Bibliografia
ISBN 978-85-212-1306-2

1. Psicanálise 2. Bion, Wilfred R. (Wilfred Ruprecht), 1897-1979 - Crítica, interpretação, etc. I. Rezze, Cecil José. II. Camargo, Celso Antonio Vieira de. III. Marra, Evelise de Souza.

18-0431   CDD 150.195

Índice para catálogo sistemático:
1. Psicanálise

Conteúdo

Apresentação 7

1. Atitude psicanalítica 13
   Antônio Carlos Eva

2. Sensibilidade, vulnerabilidade e fragilidade no processo analítico: algumas considerações sobre o conceito de simetria e interpretação na obra de Bion 21
   Arnaldo Chuster

3. Expansão do universo mental em vida face à morte 49
   Antônio Muniz de Rezende

4. A dor psíquica na visão de Bion 77
   Luiz Carlos Uchôa Junqueira Filho

5. Opinião e conveniência do analista? 89
   Paulo Cesar Sandler

6. A linguagem de êxito e a importância do imaginário na
   prática da psicanálise e no seu desenvolvimento   139
   Claudio Castelo Filho

7. Bion: o autor na obra   151
   João Carlos Braga

8. Introdução às ideias de Bion   181
   Cecil José Rezze

9. "... em uma sessão, estou interessado naquilo que não sei" 203
   Antônio Carlos Eva

10. Intuição vivida ⇔ ilusão, engano e mentiras:
    uma contribuição à observação psicanalítica   209
    Deocleciano Bendocchi Alves

11. Os desconhecidos, dentro e fora do *conhecer*   233
    João Carlos Braga

12. Receptividade e submissão ao infinito da experiência   247
    Julio Frochtengarten

Sobre os autores   259

Apresentação

Dez anos de jornadas

Ao chegar aos dez anos de Jornadas Psicanálise: Bion na Sociedade Brasileira de Psicanálise de São Paulo (SBPSP) – parece que os números redondos provocam turbulências na alma –, nos vimos diante da imperiosa necessidade de avaliar, rever, pensar quais caminhos percorremos, quais poderão seguir-se e, dentre estes últimos: chegar ao fim das Jornadas?

Paradoxal a ideia de término, por considerarmos que as Jornadas constituem uma contribuição ao pensamento psicanalítico de nossa Sociedade, bem como de outros grupos, permitindo um espaço em que tanto a experiência clínica quanto os desenvolvimentos conceituais possam se alçar a horizontes novos e inesperados. Uma das ideias centrais que norteiam a realização deste trabalho é a de que todos possam, da forma mais livre possível, explorar as contribuições e o conhecimento dos participantes. Para tal, temos privilegiado a participação, como apresentadores, de pessoas interessadas na obra de Bion que provenham de nosso meio, a SBPSP, embora outros olhares tenham enriquecido nossa experiência. Nas últimas jornadas, estendemos o convite a colegas de outras sociedades. Propomos também como método de trabalho exposições curtas que estimulem e deem espaço à participação grupal.

Preocupação constante dos coordenadores do evento é como fazê-lo de forma que ele possa se apresentar com frescor renovado, a cada vez, e que dê a oportunidade de continuarem surgindo os pensamentos criativos que os colegas têm desenvolvido, podendo assim nos nutrir de conhecimento, realizações, enfim, um saber psicanalítico.

Assim, nesse clima reflexivo, propusemos, neste encontro, que nos ocupássemos do todo da contribuição de Bion, por meio do que poderíamos chamar de síntese, retrospecto, condensação ou revisão histórica de conceitos. Os autores convidados desenvolvem o tema por vieses pessoais, singulares, mas acreditamos que tais desenvolvimentos possam ajudar a elaborar essa vasta indagação do contato ou impacto com a obra de Bion.

Acrescentamos neste encontro duas palestras-curso. Uma, do Dr. Cecil José Rezze, centrou-se nos trabalhos iniciais de Bion (*Experiências com grupos* e *O aprender com a experiência*), fazendo uma exposição de conceitos básicos da teoria do pensamento. A outra, do Dr. João Carlos Braga, junta autor e obra e transita pela obra toda de Bion, desde *Experiências com grupos*, "Teoria do pensamento", *Transformações*, até os trabalhos sobre mente primitiva e estados protomentais.

Incluímos também, nesta publicação, os trabalhos da IX Jornada, cujo tema foi "Em uma sessão interessa o desconhecido", citação de Bion em *Cogitações*, e também referência central do autor em questão, uma vez que nos lembra continuamente que o que importa na análise é o que analista e o analisando desconhecem, e não o que conhecem.

Uma particularidade dos trabalhos é que são desdobramentos-reflexões de grupos de trabalho centrados no estudo teórico de Bion e em intensa prática clínica, nos quais têm surgido e são propostas ideias originais a partir das e as transformações de cada autor. Atualizamos a recomendação de Bion sobre a importância do "aprender o valor da atividade psicológica ou psicanalítica – ou seja, psicanálise clínica".

Assim, Arnaldo Chuster apresenta-nos uma abstração de vários elementos da obra de Bion a partir de um poema "análogo", apontando para a questão da imaginação, da vulnerabilidade e da fragilidade na construção de imagens que contemplem ou atendam a simetria ou a lógica do inconsciente, que inclui a contradição.

Claudio Castelo Filho, em outra aproximação, volta-se para a linguagem de êxito, dentre as variáveis psicanalíticas consideradas em Bion, discutindo as implicações de estarmos no âmbito da teoria da complexidade.

Luiz Carlos Uchôa Junqueira Filho se detém na "dor" enquanto elemento de psicanálise, mediante proposições elaboradas e abertas para a realização do leitor, partindo de um belo recorte das dores no próprio Bion.

Antônio Carlos Eva faz sua abstração da influência de Bion no que considera como "atitude psicanalítica" construída e mutante, fiel à ideia do aprender da experiência, bem como das implicações em si mesmo ao fazer da experiência emocional na sessão o seu centro de atenção.

Paulo Cesar Sandler expõe suas ideias e defesa quanto ao acesso à verdade do analista em condições propícias. Aponta também os modos e riscos pelos quais, a seu ver, os analistas podem se afastar da verdade.

Já o professor Antônio Muniz de Rezende apresenta uma elaboração pessoal sobre "A expansão do universo mental face à morte", utilizando-se de penetrações do pensamento de Bion ao longo de sua vida como pensador.

Temos quatro textos referentes ao tema "O desconhecido", também apresentados pelos vértices absolutamente singulares de cada autor.

Em comunicação compacta, Antonio Carlos Eva informa sobre como se posiciona na sala de análise.

Deocleciano Bendocchi Alves faz aproximações, em um espectro amplo – no qual abarca reflexões sobre arqueologia e religião –, de conceitos psicanalíticos como *play*, realidade psíquica e sensorial.em seu ensaio, Júlio Frochtengarten aborda referenciais teóricos, questões de método, linguagem de êxito e atitude psicanalítica, com aproximações a relatos clínicos.

João Carlos Braga também acrescenta às elaboradas considerações teóricas sobre o par conhecer-desconhecer fragmentos de situações clínicas.

Destacamos que, apesar dos temas e da escolha de autores que usam um referencial comum, o que é próprio de suas formações e suas personalidades eclode de modo gritante, como sói acontecer na experiência psicanalítica.

Temos nos ocupado ao longo desses encontros, dos quais esta é a quinta publicação, da questão de "o que faz o analista da experiência emocional?". Qual é a implicação da pessoa "real" do analista após *Transformações*? E o evolver do conhecer ao ser? Estamos em um novo paradigma? Que teoria da técnica, ou melhor, que prática se coaduna com a teoria do pensar em Bion?

Somos gratos a todos aqueles que, neste período, têm atendido às nossas solicitações, contribuindo e participando como coordenadores de grupo, apresentadores de situações clínicas, apresentadores de trabalhos conceituais e clínicos e, ultimamente, nos grandes grupos de apresentação e discussão de situações clínicas. Especialmente gratos aos que se expõe com a intimidade da sua clínica.

Somos gratos também aos colegas Antônio Carlos Eva, Marta Petricciani, Carmen Mion e Eva Migliavacca que, no decorrer dessas jornadas, fizeram parte da comissão organizadora, dando contribuição valiosa, ajudando a renovar a forma e o conteúdo delas. De grande importância, agradecemos também à diretoria da SBPSP, particularmente a científica, que tem nos dado ampla liberdade de trabalho.

Esperamos que o leitor desta publicação possa fazer um uso criativo e estimulante para o pensar psicanalítico. Estendemos ao leitor parte do que na nossa experiência tem nos motivado apaixonadamente a continuar.

Evelise de Souza Marra
Psicóloga e mestre pela Universidade de São Paulo (USP) e analista didata da Sociedade Brasileira de Psicanálise de São Paulo (SBPSP)

1. Atitude psicanalítica

Antônio Carlos Eva

Procuro, no presente escrito, valer-me da minha trajetória como psicanalista; usarei esta dimensão para apontar como vejo os elementos que importam na minha teoria e prática.

Trata-se, pois, de uma atitude pessoal, única, que vai se desenvolvendo com o passar do exercício clínico e teórico em psicanálise, os quais estão intimamente ligados e são interinfluenciáveis.

Proponho que o encontro dessa atitude psicanalítica é consequência de inúmeros fatores, quase infinitos, e vou me aproximando de alguns e me afastando de outros, que já foram próximos e úteis. Tentarei, agora, descrever alguns deles, na medida em que minhas forças mentais o permitirem.

Pretendo realizar um ensaio, como descoberto por Montaigne (1533-1592), no qual conclusões fortes e definitivas não estão presentes; o que escrevo, espero que sirva como estímulo para o patrimônio psicanalítico de cada um de nós.

Faço isso porque, acima de tudo, a atitude psicanalítica é um todo em andamento, que didaticamente contém uma parte estável, central, a qual influencia e é influenciada continuamente por fatores ligeiros e leves que aparecem no dia a dia, quer na dimensão clínica e prática, quer nas teorias das quais me aproximo e tenho alguma compreensão; como disse, sempre em andamento. Ainda assim, há a dimensão estável e central, que, no meu senso comum, parece constante e à margem do dia a dia.

A teoria central que uso privilegia a experiência emocional presente no encontro psicanalítico, da qual decorrem concepções e compreensões até formarem uma teoria psicanalítica pessoal.

Sem sombra de dúvida, o autor que mais me influenciou nos últimos trinta ou quarenta anos é Bion, com sua extensa obra publicada, a minha compreensão da obra de Bion vai sendo por mim transformada a cada aproximação que faço dela.

Penso que o centro de minha atitude clínica pode ser filiado à ideia d'*O aprender com a experiência*, que, em livro, foi publicado em 1962. De lá para cá, penso haver um período de "lua de mel" com a teoria de aprender com a emoção presente, na qual a "experiência emocional presente" era o todo do trabalho clínico. Passado e futuro, bem como os fatos em si, compartilhados ou relatados, pouca importância apresentavam para o desenvolver de pensamento, que acontecia por acúmulo de elementos α, lugar de onde se formava o conhecimento.

A "lua de mel" noticiada anteriormente durou muitos anos, mas, progressivamente, foi-se percebendo que ela estava infiltrada por elementos psicanalíticos outros, que estão em outra dimensão que não a experiência emocional presente e "pura" do aprender com a experiência presente e só.

Esse novo conjunto deve necessariamente conter e englobar o aprender com a experiência emocional presente; deve, necessariamente, contê-la, mas é mais complexo do que ela; abriga dimensões variadas, algumas das quais irei apresentar mais adiante. Como é um conjunto emocional, é impossível traçar limites objetivos entre seus componentes.

Esse conjunto constitui um patrimônio. Cada um de nós nasce com parte dele, e ele é modificado com o passar da experiência de vida e de psicanálise em particular. Ele se incorpora à nossa atitude mental e influencia, poderosamente, a nossa aproximação do presente. O patrimônio citado oferece um ângulo novo a cada vez que me aproximo dele, e no meu entender, esse novo é praticamente inconsciente. O patrimônio a que me refiro não está disponível para a minha consciência e para o meu raciocínio em especial. Não é para meu uso consciente, mas está instalado e constitui minha personalidade, da qual decorre "quem eu sou"; melhor seria dizer "quem eu estou", se me aproximo da teoria.

Uma decorrência estratégica e vital desse entendimento se manifesta na escolha atual em nossos institutos de psicanálise. A cada dia, o interesse maior e central se encaminha para a personalidade do formando, que perdeu o paraíso de ser neutra ou resolvida e sem influência no que se vive; dessa proposta decorre que cada um de nós vê de maneira única e pessoal o que é a vida, por isso prioriza e percebe como importante a clínica e teoria que "criamos" e que vai constituir o patrimônio psicanalítico de cada um, compartilhado à medida que é publicado. A publicação ocorre de várias formas, uma delas acontecendo agora, por exemplo, por meio deste escrito que é intuído, percebido e examinado pelo outro.

Com o passar do tempo, vou me aproximando de uma proposta revolucionária, que está explicitada por Bion desde a década de 1960 e que vai progressivamente sendo percebida. Ela sinteticamente pode ser assim escrita hoje: suponho que a concepção de Bion de que o pensamento, o conhecimento consequente, se dá por uma emoção; a emoção como base do pensamento revoluciona e subverte a antiga concepção de que o pensamento se dá fora da área das emoções. Acredito que esta revolução não pode ser aceita de maneira pacífica e fácil; ela provoca retornos, minuto a minuto, à área do pensamento objeto racional e só. Admitir a razão, a racionalidade como uma forma elaborada do pensar, protegida das emoções, está em andamento aos trancos e barrancos.

Abro, agora, uma divisão em que uma parte é falar sobre psicanálise, que é o que faço agora, e a outra parte, outra dimensão, é a que se refere a fazer psicanálise, viver psicanálise, que se dá essencialmente, ou exclusivamente, na psicanálise clínica, na sessão psicanalítica.

Hoje a psicopatologia do analisando, em decorrência dessa posição, perde força e essência, abrindo caminho para a psicanálise que se centra na experiência emocional presente, que depende clinicamente do ângulo, ou dimensão, ou viés, no qual me posiciono e valorizo, utilizando para isso meu patrimônio citado acima.

Cada um de nós, penso eu, em atividade clínica e teórica utilizará a dimensão de falar sobre psicanálise, fora do consultório psicanalítico; e vivendo e exercendo a dimensão de estar em psicanálise dentro dele. Nessas dimensões temos a condição favorável, de perceber quão única e pessoal é nossa atitude. Para isso necessitamos, quer na clínica, quer na dimensão teórica, de capacidade de suportar o que o outro vê e intui na situação, e que é necessariamente diferente do que vejo e intuo.

Chamo de respeito um elemento essencial para a psicanálise que se centra no aprender com a experiência emocional presente; pois, se desrespeitamos o outro enquanto diferente de nós e se com isso ele deixa de ser uma pessoa, não é possível aprender com a experiência, uma vez que certamente utilizaremos memória e desejo para caracterizar e nomear o que percebemos. Isto vale, nunca é demais lembrar, para mim e para o outro; vale para o par psicanalítico.

Loucura, burrice, psicopatia, psicose, neurose, regressão, transferência e contratransferência são nomes que são usados, com muita frequência, para substituir respeito e compreensão diante do outro diferente de mim. Proponho que minha função psicanalítica não é esclarecer para o outro o "certo" ou "normal" que está em mim. A atitude psicanalítica é participar da experiência no encontro psicanalítico em andamento.

As descrições clínicas mais frequentes que fazia antigamente, mas que, vez por outra, faço no presente com meus analisandos e que estão apoiadas em teorias de personalidade que, por sua vez, se apoiam em certa psicopatologia compatível com as mesmas teorias, foram progressivamente ganhando uma compreensão de que elas são decorrentes do interesse e foco que emprego. Por assim dizer, nascem do encontro para formar-se e robustecer-se. São, penso eu, consequência do entrechoque das duas personalidades ali presentes.

Acredito firmemente que hoje o analisando é visto por meio de minha atitude psicanalítica, a qual forma o meu patrimônio psicanalítico, sempre em mudança. É por meio desse patrimônio que cada um de nós intui, percebe e deduz as características mentais de quem está diante de nós; quando possível, do par formado.

Proponho que o analisando em contato com o analista será atraído para o que prevalece na mente do analista. Bion diz, por várias vezes, em sua obra, que a área de trabalho psicanalítico está onde se dá o conhecimento (K). É vedado ao analista, enquanto trabalha com a experiência emocional presente e possivelmente compartilhada com o analisando, viver e priorizar as dimensões pessoais de amor e ódio, pois estas não levam ao conhecimento emocional, por si mesmas.

Os institutos de psicanálise, em particular o de nossa Sociedade, na qual milito e a qual influencio, oferecem ao analista dimensões variadas de aprendizado: análise didática, supervisões, seminários clínicos, cursos teóricos, além da convivência em grupo para a maioria das atividades. Espera-se, com isso, que cada um de nós mergulhe no ambiente de modo a construir uma atitude psicanalítica pessoal e em andamento, o que acontece a cada momento, inclusive neste momento em que apresento este escrito, esperando que seja uma gota dessa atitude.

Cada um de nós, sem cessar, ativamente, vai colhendo alguns elementos dessa imensidão oferecida e vai formando sua própria concepção de psicanálise. Ela continuamente agrega fatores e descarta outros, já existentes, mas que perdem a atualidade; não se encontram mais em uso. O essencial e o básico dessa construção são feitos de modo inconsciente, não podendo, pois, ser objetivamente apresentados.

Na minha experiência, levei muitos anos para que pudesse formular um conjunto dinâmico de elementos, que são o que percebo como centrais e essenciais, como patrimônio, e que me orientam na clínica e consequentemente também na teoria.

Apontarei apenas que o centro de meu interesse, quando estou psicanalista de acordo comigo mesmo, é o que chamo de experiência emocional, desejavelmente compartilhada, ao menos em parte, fator básico e essencial para aprender na experiência e desenvolver pensamentos que convivem sempre com elementos de "não pensamento", que constituem o que chamo de função psicótica da personalidade.

A seguir menciono os trancos e solavancos que Bion e, em seguida, eu mesmo sofremos, cada um à sua maneira e com seu patrimônio, com o aparecimento da teoria das transformações; de funções que vão além do conhecimento; ou funções acontecendo diferentemente do que nomeio experiência emocional (K); elementos que por vezes são chamados o "sendo" na vida toda, mesmo antes do nascimento biológico; e de dimensões que vão além do tradicional campo de experiência emocional presente, base para o pensamento e função α. Inserem-se aí as ideias de pensamento sem pensador, de pensamentos selvagens, que procuramos domesticar; outras funções que estão em área nem consciente, nem inconsciente etc. Proponho que estes agregados à teoria inicial da experiência emocional presente decorrem das dificuldades que vamos apurando na clínica, as quais restringem e por vezes impedem o ato de fé; estes novos elementos acrescentados procuram ser uma complementação da teoria das emoções anteriormente apresentada; procuram supri-la de novas dimensões.

Acrescentei, dentro dessa atitude psicanalítica, o ato de fé que me permite estar disponível para a emoção vivida. O ato de fé cria uma "força" para me manter no que percebo do presente vivido; para não me afastar do que percebo nem substituí-lo por "algo melhor e maior".

Tomando o pensar como emoção que se dirige ao que se experimenta no presente, é preciso explicitar que o que chamo de aprender na experiência que vivo à qual atribuo "modificação positiva" (criação de elementos α) está dependente do que vejo, intuo, percebo e dessa qualidade que lhe dou: "para a frente e positiva". Essa qualidade, certamente, me propicia uma emoção que me leva a acreditar que o que vivo e vivemos ali é bom para a vida; para a minha e para a do outro.

Reafirmo que se trata de um ato de fé para o que faz crescer, evoluir, desenvolver e que aponta para um novo maior e melhor: vida, em suma.

Quero afirmar que o que escrevo é decorrência do ideal psicanalítico que invento; serve como meta ou destino a ser procurado.

Aponto como estímulos imediatos para o que escrevo aqui um texto meu, inédito, preparado para a aula inaugural de nosso instituto no primeiro semestre de 2017. Além dele, o texto de W. R. Bion, *Domesticando pensamentos selvagens*, traduzido por Luiz Carlos Uchôa Junqueira Filho.

2. Sensibilidade, vulnerabilidade e fragilidade no processo analítico: algumas considerações sobre o conceito de simetria e interpretação na obra de Bion[1]

Arnaldo Chuster[2]

> **The road not taken**
>
> *Two roads diverged in a yellow wood,*
> *And sorry I could not travel both*
> *And be one traveler, long I stood*
> *And looked down one as far as I could*
> *To where it bent in the undergrowth;*
>
> *Then took the other, as just as fair,*
> *And having perhaps the better claim,*
> *Because it was grassy and wanted wear;*
> *Though as for that, the passing there*
> *Had worn them really about the same,*

---

1 Trabalho apresentado na X Jornada de Psicanálise: Bion 2017.
2 Membro efetivo e didata da Sociedade Psicanalítica do Rio de Janeiro, Training and Teaching Analyst at The Newport Institute of Psychoanalysis (Irvine, Califórnia) e membro honorário do Instituto W. Bion (Porto Alegre). Coordenador de grupos de estudo sobre a obra de Bion no Rio de Janeiro e em Porto Alegre, Ribeirão Preto, São Paulo, Goiânia e Fortaleza.

> *And both that morning equally lay*
> *In leaves no step had trodden black.*
> *Oh, I kept the first for another day!*
> *Yet knowing how way leads on to way,*
> *I doubted if I should ever come back.*
>
> *I shall be telling this with a sigh*
> *Somewhere ages and ages hence:*
> *Two roads diverged in a wood, and I –*
> *I took the one less traveled by,*
> *And that has made all the difference.*
>
> Robert Frost

Buscando caminhos

Meus referenciais neste ensaio vieram dos trabalhos de Bion *Como tirar proveito de um mau negócio* (1979), *The Grid and Caesura* (1975) e do poema "The road not taken", de Robert Frost (1920).

Vou começar pelo poema. O autor, de difícil tradução para outras línguas, não é habitualmente conhecido dos leitores brasileiros. Todavia, ele é bem popular entre o público norte-americano, notadamente nos Estados Unidos.

Robert Frost ficou muito conhecido por ser o poeta preferido de John Kennedy – que, por ocasião de sua posse como presidente dos Estados Unidos, o convidou para dizer algumas palavras. Frost, com 86 anos, aceitou e escreveu um poema para aquele momento: *"The gift outright"*.[3] Entretanto, no momento em que foi

---

[3] Nesse poema, existe uma frase que eu considero muito significativa e psicanalítica: "Algo que ocultávamos nos tornava frágeis. Até descobrirmos que esse algo era nós mesmos".

chamado para falar, Frost procurou no bolso do paletó o papel no qual havia escrito o poema e não o encontrou.[4] Como ainda não tinha decorado o novo poema, não titubeou e recitou "The road not taken" (1920), que escrevera havia quarenta anos.

A tradução a seguir é de minha autoria. Não sendo tradutor, peço desculpas por não ser capaz de transmitir toda a riqueza linguística do poema. Mas espero que algo da essência por mim sentida seja veiculada.

Num bosque em pleno outono, a estrada bifurcou-se

Lamentei não poder pelos dois caminhos optar

Mas sendo um caminhante experimentado me detive a observar

Assim percebi que ambos numa curva sumiam da vista.

Então um deles escolhi afinal

Que tinha um atrativo especial,

O chão tinha relva e muitas folhas.

E embora os caminhos tivessem o mesmo destino,

Naquela manhã tomei o coberto de folhas não enegrecidas,

Indicando que poucos caminhantes tinham ali pisado.

Eu deixei o caminho não escolhido para outro dia

E sabedor que um caminho outro caminho gera

Duvidei que um dia naquele ponto voltaria

---

4   Segundo uma outra versão, Frost teve a vista ofuscada pelos raios de sol.

Nem cogito que no futuro vou me arrepender

Ou que em algum lugar daqui a muitos anos vou suspirar com pesar

Os caminhos de outono se bifurcaram no bosque,

Mas eu estava livre e tomei o menos trilhado,

E isso fez toda a diferença.

O crítico literário David Orr (2016) avisa que este é o poema que todo mundo adora, mas quase todo mundo entende de forma errada. Mas quem garante que o crítico esteja certo? Ele critica, sobretudo, quem tem a visão do poema como sendo um hino ao triunfo da individualidade, do empreendimento e da autonomia.

Frost entende que toda decisão tem sempre dois caminhos, ou dois aspectos inseparáveis: não existe sucesso sem fracasso; conhecimento sem ignorância; simplicidade sem complexidade. Se formos bem-sucedidos numa decisão, a satisfação pode vir acompanhada do pesar pelo que também deixou de acontecer.

O escritor francês André Gide (1985) dizia que o desagradável na vida é ter que escolher uma coisa, e por isso deixar de escolher muitas outras. Pode ser. Mas acho mais significativo, ao escolher um caminho, me dedicar a apreciar seus mistérios e belezas, que serão os aspectos que posso realmente ver. A estrada não escolhida é a que ficou para trás, depois que optamos pela estrada que até então era a não escolhida.

O poema é uma história sobre as histórias que contamos sobre nós mesmos e o nosso mundo – histórias cheias de dúvidas e possibilidades de escolha, que, tomadas em conjunto, determinam como nós vemos as nossas vidas e o que pensamos sobre nosso passado.

Trata-se de um poema sobre concepções, conceitos, e certamente sobre pré-concepções. É um poema sobre a teoria do pensar e sobre a complexidade que lhe é inerente.

A história do poema parece simples. Alguém chega em uma encruzilhada, num momento do outono, e tem que escolher um caminho entre dois possíveis. Eles, curiosamente, levam ao mesmo destino. Aí surge a complexidade: por que escolher se eles levam ao mesmo destino? E por que Frost fala de outono e não de outra estação do ano?

Podemos fazer um exercício de imaginação análogo ao que se faz na psicanálise. Penso que existem outonos na vida, e que isso significa um momento em que as coisas não estão mais quentes nem floridas, mas também não estão muito frias. Há uma espécie de humor outonal; não chega a ser triste, tem belezas fortes como nas outras estações, às vezes é monótono, às vezes é inspirador. A paisagem é misteriosa, traz recordações, mas a vida tem que continuar. Nesse contexto, o caminhante escolheu o caminho menos trilhado, e que pode ter sido o mais árduo. Passados os anos, ele não se arrepende de sua escolha, pois descobre que isso fez toda a diferença.

Frost, deliberadamente, escolhe a palavra "estrada",[5] que, ao contrário de um caminho, necessariamente é feita pelo homem. Uma estrada é a expressão de uma vontade que só pode ocorrer nas fronteiras de outro ato semelhante – uma forma de olhar o mundo que simultaneamente fortalece e ressalta a escolha pessoal, a singularidade, a **autonomia social**. De um lado, temos a vontade; de outro, o que ela permite realizar.

Nessa linha, a escolha tem a ver com um "*ato de Fé*" (Bion, 1970). Neste, a essência não é a verdade em si, mas o fato de desejá-la mesmo sabendo de sua incerteza. O resultado do ato é a

---

5 *Road* vem do grego *Rhodos*.

criação. O ato de Fé difere do "estado mental" de Fé, que está restrito à religião, portanto, coincidindo com a crença e a certeza. O fiel possui uma "vontade que adoeceu", ele já conhece a verdade. O importante é que não estamos meramente decidindo ir para a direita ou para a esquerda. Ao fazermos uma escolha, estamos nos transformando. Nessa questão é que se encaixa o título geral do meu trabalho: "Sensibilidade, vulnerabilidade e fragilidade no processo analítico". São elementos fundamentais de uma escolha. Pode ser a escolha de fazer análise, aceitar um paciente, dar interpretações e fazer intervenções no campo analítico. Pode ser também a escolha do que estudar, investigar, admirar ou recusar. O título fala da minha escolha pela obra de Bion e de como ela, para mim, fez e faz toda a diferença.

Sensibilidade, vulnerabilidade e fragilidade no processo analítico

Acredito que todos sabem que a *sensibilidade* é a condição do trabalho analítico e depende de um *método* escolhido. A *vulnerabilidade* e a *fragilidade* não são tão facilmente definíveis. Vulnerável poderia significar ser atingido pelo Outro e não se quebrar, mas fugir. Frágil é o que, atingido pelo Outro, pode se quebrar, desmoronar, entrar em colapso. Trata-se de uma encruzilhada com três possibilidades: *break up*, *breakdown* ou *breakthrough* (rompimento, colapso, elaboração).

Método (μέθοδο), em grego, significa estar no encalço de algo por um caminho. À medida que caminho, me deparo com coisas que se mostram: são as concepções e conceitos que constituem o caminho escolhido. Todavia, o que se mostra depende da visão de quem observa. Neste ponto, faz uma diferença importante se a minha sensibilidade me deixa vulnerável à recepção do que percebo ou se expõe uma fragilidade que leva à rejeição ou à expulsão do percebido. Existe uma multiplicidade de significados para o que estou considerando. A *sensibilidade* regula a *vulnerabilidade*, que me aproxima da *fragilidade*. Mas a sensibilidade disciplinada, embora não elimine o medo do desconhecido, dá coragem e paciência para prosseguir. Trata-se da *capacidade negativa* (Bion, 1970, citando Keats). A capacidade de tolerar as incertezas, os mistérios, as meias verdades sem ficar ansiosamente tentando compreender e chegar ao significado.

Qual método devo escolher que me torne mais apto para o processo analítico? Eu posso dizer "o método que escolho é o mesmo de Bion ou de Freud", mas isso não é inteiramente verdadeiro. Posso produzir dois lápis totalmente iguais, mas como eles jamais poderão ocupar o mesmo lugar, ao mesmo tempo, jamais serão os mesmos lápis. *Espaço e tempo são princípios de individuação e singularidade.* Nessa relação existe uma *negociação* entre o *conceito* proveniente da minha singularidade e como posso nele inserir uma-visão-interna-de (*in-tui-tus*). Assim, a pergunta que me faço é: estaria minha escolha conceitual revelando minha *in-tui-tus* (intuição) no ponto de partida do caminho, ou da sessão, ou do dia que começa?[6]

A negociação entre conceito e intuição traz problemas que estimulam tentativas de resolução, e essas tentativas são análogas àquelas do *mito edípico*, a matriz de todos os problemas.

O *mito de Édipo* manifesta, ao mesmo tempo, tentativas de resolver conflitos e uma expressão de conflitos. E não poderia ser

---

6   Posso dizer "*carpe caminnus*" ou "*carpe sessione*", parodiando a ode de Horácio "*carpe diem*"? Isso depende do que William Blake descreveu no poema "Milton": "Há um momento do dia que Satã não pode encontrar, e nem o seu mais laborioso demônio. Se consigo encontrar esse momento ele se espalha e ilumina o dia".

diferente, pois o ser humano é, naturalmente, um ser edípico. Ser humano é possuir uma mente tridimensional, viver em espaço, tempo e profundidade, elementos que podem se articular de infinitas maneiras. Existe uma forma distinta de articulação dessas três dimensões para cada um de nós. Por isso, no encontro com o Outro surge a *tempestade emocional*.

Diz Bion (1992, p. 283) que a *causa* de uma tempestade emocional, como qualquer *causa*, é equiparável ao *fato selecionado*, por serem ambos ideias capazes de provocar, numa experiência emocional, uma síntese criativa de objetos separados e ainda não sintetizados.

Toda *experiência emocional* de obtenção de conhecimento é simultânea e *simétrica* a uma experiência de ignorância não esclarecida. Portanto – enfatizando a mensagem do poema –, êxito torna-se inseparável de fracasso para sintetizar os objetos separados, e o fracasso é inseparável das partículas elementares não englobadas pelo sucesso.

Um predomínio das forças de vida acarreta uma contínua repetição da experiência de integração ou síntese: êxito>fracasso. Um predomínio das forças de morte repudia a vida, idealizando e libidinizando a não síntese: fracasso>êxito.

No mito de Édipo, o suicídio da Esfinge é um relato verbal das soluções pictóricas (imagens visuais) de um problema: uma das soluções é a morte; a outra, o retorno ao útero materno. Ambas as soluções destinam-se à evasão da experiência emocional da causa ou do fato selecionado, isto é, uma evasão da negociação entre as posições EP⇔D.

A situação do poema em que as estradas se bifurcam pode representar a situação da *encruzilhada* no mito edípico. Uma das soluções visíveis foram as mortes de Laio e Polifonte. A hostilidade e a rivalidade predominaram sobre as possibilidades de negociação entre as posições. Também faltou a prudência na ação que fez predominar a imposição de um conceito. Édipo tenta impor a Laio seu conceito (sou mais jovem e mais forte, portanto tenho o direito de passagem), e Laio tenta impor o seu (sou mais velho e mais rico, portanto tenho o direito).

O conceito de Édipo predomina com a morte de Laio, mas as consequências dessa solução são desastrosas. Uma delas é o aparecimento da arrogante Esfinge, que toma o controle dos caminhos e desafia os caminhantes com uma pergunta – que ela não podia admitir que fosse respondida. Os jovens de Tebas tornam-se como os escravos acorrentados ao não saber. Édipo os liberta respondendo à pergunta, mas os problemas não param. A solução gera mais problemas, um deles o casamento.

Vou tentar, agora, colocar as questões descritas dentro da perspectiva do conceito de *simetria* na construção de linguagem interpretativa. Em breves palavras, o inconsciente possui uma lógica simétrica (Matte-Blanco, 1975) e, portanto, para que possamos estabelecer uma negociação analítica, precisamos do uso de uma *linguagem simétrica* que tenha afinidade e traduza a tempestade emocional em curso. Há aqui uma multiplicidade de significados.

Simetria e interpretação

Simetria é um *conceito não linear* que dá forma a muitos modelos matemáticos e físicos. Ele cria uma *interpretação* da realidade que sempre está conectada ao *infinito*. Por outro lado, o conceito vai além da matemática; trata-se de um princípio do *pensamento complexo* e, como tal, implica enfrentar paradoxos e contradições, encarar problemas insolúveis, alcançar os limites do conhecimento, pelo tempo que for necessário, para que novas variáveis surjam e criem novos espaços para pensar. Trata-se de um modelo a serviço da sensibilidade do analista, para perceber elementos de psicanálise usando seu vértice particular.

Se aplicarmos esse modelo ao uso da linguagem, veremos que a *palavra* pode ser limitada e *finita* pelas letras e regras gramaticais, mas a realidade para a qual ela se abre pode ser reconhecida como uma *realidade infinita*.[7] Na poesia e na literatura, esse aspecto é facilmente visível e observável. Alguns autores possuem o dom de associar certas palavras que dão um aspecto totalmente inusitado ao sentido comum, previamente existente. Existe, portanto, *criação*.

Muitas vezes, uma criação ocorre quando menos se espera. Mais ainda, indica o fato de que é necessário algo proveniente da *arte* para que um *pensamento* faça a conexão com o *não pensamento*. Sem essa visão *estética*, fica difícil acompanhar o processo criativo que caracteriza a psicanálise. Freud realizou isso muitas vezes com *imagens* tiradas dos mitos e da literatura. As imagens por ele utilizadas provam que existe *sentido* no que parece não ter, que existe algo enigmático no que parece evidente, e que existe uma profundidade de pensamento no que parece ser apenas um lugar-comum.

A psicanálise é um campo específico; lida com a *dor psíquica*, por isso precisa de uma *ética* de pensamento para acolher a visão *estética* (sentimentos). Sem essa *ética*, a prática fica à deriva de hábitos e crenças. Podemos resumi-la da seguinte forma: na prática,

---

[7] Guimarães Rosa citado por Arrigucci (1994): "Meu lema é: a linguagem e a vida são uma coisa só. Quem não fizer do idioma o espelho de sua personalidade não vive; e como a vida é uma corrente contínua, a linguagem também deve evoluir constantemente. Isso significa que, como escritor, devo me prestar contas de cada palavra, o tempo necessário até ela ser novamente vida. O idioma é a única porta para o infinito".

uma *intervenção analítica* precisa ser sensível e capaz de abrir um mundo novo, não saturado com sentidos comuns. Ela precisa revelar um mundo além da gramática e da combinação de letras. Trata-se de um mundo que reflete a *simetria finito/infinito*. Bion (1975) sugeriu que, para nossa conveniência, podemos usá-la no lugar de *consciente/inconsciente*.

Em sua discussão do conceito de simetria, Bion (1975) reflete sobre o termo *construção* usado por Freud (1927/1972). Ele chama atenção para o fato de Freud ter considerado que o termo parece mais oportuno do que *interpretação*. Todavia, Bion (1975) considera muito difícil concordar com isso, pois as interpretações não podem ser feitas sem construções prévias. E essas construções são instrumentos essenciais para trabalhar com as *simetrias*.

Bion propõe, como na arte, que um componente essencial deste instrumento é a *imagem visual*. Ou seja, depende da intuição e da imaginação do analista. Ele a coloca na categoria *elementos C* da Grade. Os elementos C (mitos, sonhos, pensamentos oníricos) são sempre espectrais e complementares. Sem eles, não há processo psicanalítico. Além disso, os *elementos C* que geram a construção são *polivalentes* – ao contrário da interpretação, que é *monovalente* – e mais rápido do que as formulações *F* (conceitos) ou *G* (sistema científico dedutivo), embora possam não ser mais rápidos do que as formulações *H* (cálculo algébrico). Todavia, essas últimas (*G e H*) ainda não foram descobertas em psicanálise.

A questão da simetria tem muitas consequências práticas. Bion (1975) destaca as situações nas quais o analista tem que lidar com *material primitivo*. Geralmente, esse material expõe tanto a fragilidade como a vulnerabilidade do paciente perante seu mundo interno e externo. Mas, também, a do analista. Por isso, uma negociação inadequada entre as partes pode levar a uma perda da sensibilidade.

Bion (1975) diz que o analisando que funciona num *nível primitivo* se aproxima de uma espécie de princípio do *"agir primeiro e pensar depois"*. Geralmente, um analisando como esse age em relação ao analista como se tivesse um inconsciente muito ativo, rápido e flexível, e que está sendo perseguido por um consciente pesado, lento e rígido, como na *analogia* de um elefante tentando perseguir um tigre.

A *analogia* permite desenvolver uma estratégia para a observação do material. Todavia, o elefante não é simétrico ao tigre. São, em termos de lógica, elementos assimétricos ou conscientes. Assim, a *analogia* precisa ser tomada de forma mais apurada, apesar de seu uso muito comum em psicanálise. Precisamos expandir o termo com prudência, pois uma *analogia* pode ser usada sem critério. Por exemplo, o critério destaca um *continente* que é ao mesmo tempo um disfarce e uma revelação do *conteúdo*. Se a relação que pretende mostrar não se revela, a analogia torna-se apenas uma metáfora silenciosa. Mas quando revela algo, pode ser bastante eloquente.

Na prática, uma palavra ou uma metáfora pode ser tão usada na linguagem coloquial que acaba perdendo a vitalidade e agonizando. Mas Bion (citando Fowler)[8] diz que ela pode ser ressuscitada pela justaposição de outra metáfora, cuja inadequação e não homogeneidade funciona como um desfibrilador, fazendo-a pulsar novamente.[9]

---

8 Roger Fowler (1939-1999) foi professor de Crítica Literária na Universidade de East Anglia. Ele discutiu as técnicas literárias relevantes para se criar uma ficção. A construção analítica é uma espécie de ficção que requer essas técnicas de criação usando metáforas e analogias.

9 Por exemplo, a palavra "elemento", isoladamente, pode significar muita coisa, e por isso não desperta muita atenção. Porém, se a associarmos à letra grega β, temos uma associação inadequada e não homogênea, despertando a curio-

James Joyce também tem um termo bastante ilustrativo. Ele fala em usar "*idées mères*" (citado por Bion, 1981), que são ideias, perguntas ou respostas que causam reações criativas de abertura de sentido. Obviamente, novos sentidos geram novos problemas. Mas o importante é tratar-se de um oxigenador de pensamentos que, entretanto, pode também gerar reações contrárias de fechamento de sentido. A decisão é entre ficar bem acordado e habilitado cientificamente ou poder sonhar acordado e usar a imaginação, produzindo *pensamentos selvagens*. Pode ser também uma decisão entre trilhar estradas novas, ou se refugiar no sono, na surdez, na cegueira ou na mudez sobre o universo ao redor.

Em todas essas situações, como no poema de Frost, estamos diante de uma *encruzilhada de desenvolvimento*. Ela pode surgir colocando a escolha entre o pensamento que decide privilegiar as imagens usadas na analogia e a escolha de privilegiar a **relação** entre elas. O importante não é o tigre e o elefante, mas a *relação* entre eles. Quando vamos examinar a relação, diversas possibilidades se abrem, pois não existe apenas uma interpretação. Se por acaso nos ocorre apenas uma solitária interpretação, algo está mal direcionado. Um momento de decisão – *sine qua non* – precisa fazer parte do caminho que se pretende trilhar pela floresta do inconsciente.

Vaihinger[10] estudou a relação "como se" implícita no uso da

---

sidade. Mais ainda: mesmo depois de explicada, essa associação continuará trazendo a sensação de que algo está faltando ao entendimento completo.
10 Hans Vaihinger (1852-1933) foi um filósofo alemão, acadêmico de Kant e autor da obra *Die Philosophie des Als Ob* (1924/1968). Nessa obra, a filosofia do "como se" é apresentada como um sistema de ficções teóricas, práticas e religiosas da humanidade, com base no positivismo idealista: "Nós nos comportamos como se o mundo correspondesse aos nossos modelos". Isso fornece a aceitação de ficções falsas para justificar uma solução não racional e pragmática para problemas que não têm respostas racionais.

metáfora e da analogia dentro da filosofia. Freud falou dessa contribuição em *O futuro de uma ilusão* (1927).[11]

Bion (1975) considera que, a partir desse ensaio, existem considerações importantes a serem desenvolvidas. Propõe pensar que se a *construção* é a *arma polivalente da simetria*, temos que considerar o *futuro de uma analogia* na análise, pois, sendo destinada a fazer uma observação da transferência, pode – caso seja inadequada – ser a criação do futuro de uma ilusão. Assim, sugere que temos que cuidar mais amplamente do "futuro da transferência", pois esse futuro será a consequência das *transformações de uma construção estética* que foi feita para o paciente com o intuito de estabelecer um vínculo não só com o analista, mas do indivíduo com seu inconsciente.

Para lidar com isso, penso que uma das virtudes da obra de Bion foi ter criado *um sistema aberto*, que se expressa pelo *modelo espectral*, presente em diversos trechos de sua obra. Ele segue o princípio da *complexidade* dos fenômenos psíquicos e,

---

11 Nesse trabalho, Freud propõe a questão: qual o futuro da humanidade? O ensaio indaga se a cultura humana repousa precariamente sobre a repressão de impulsos antissociais naturais a todos e se a religião é a principal força a controlar esses impulsos, o que nos leva a outra pergunta: qual a origem psicológica da necessidade do sentimento religioso no indivíduo? O que, em cada pessoa, a torna propensa a crer num sistema irracional, indemonstrável e de recusa da realidade? Freud demonstra que a religião ("a neurose obsessiva universal da humanidade") depende de sentimentos infantis não resolvidos, e afirma ser ela – bem como seus dogmas – a culpada pela atrofia intelectual da maior parte dos seres humanos. Para Freud, a fim de o homem se organizar razoável e saudavelmente sobre a Terra, livre de ilusões, urge uma mudança radical nas formas de educação – a qual ele defende magistralmente nesse texto breve, mas impactante, tanto hoje quanto na época de sua publicação. A religião é uma metáfora morta. A palavra indica religar objetos, mas privilegia apenas uma das ancoras da metáfora.

naturalmente, lida com *funções*. A base *matemática*[12] desse modelo pode ser encontrada no cálculo infinitesimal.[13] Portanto, trata-se de um modelo de *transformações*.

Utilizar o modelo de *funções* equivale, em psicanálise, a estudar a relação entre analista e analisando pelo vértice *invariantes/ variáveis*. Esses elementos são integrados por meio de **simetria**. Para tal, podemos criar uma *construção* que facilite a integração. Quanto mais variáveis obtivermos, maiores serão as possibilidades de integração, ou, quanto mais usarmos os *elementos C*, maior será a base da simetria.

Por outro lado, o paciente que tem uma predominância da *parte psicótica* tende a gerar uma *grade negativa* maior e mais consistente do que o aspecto da sua personalidade que acolhe a simetria da construção feita com o intuito de desenvolver o *vínculo K*.

Na prática, isso significa que o analista, caso ele diga algo, ou nada diga, torna-se alvo das queixas do paciente. Essas queixas podem ser de diversos tipos. Elas podem ser silenciosas ou explícitas, suaves ou intensas. Podemos detectá-las por meio dos processos descritos pela teoria das transformações de Bion (1965). As queixas suaves possibilitam discussão e conhecimento (transformação em K), mas as que provêm da parte negativa do espectro podem se transformar em críticas familiares e redundantes (transformação em moção rígida), em críticas ressentidas e dissimuladas

---

12 A matemática, em Bion, sempre significa a perspectiva epistemológica dos princípios empregados no campo (teoria do pensar).
13 Ou seja, ocorrendo uma variável Y, que é função de outra variável X, podemos estudar essa relação em dois momentos: uma *etapa diferencial*, na qual se descobre a variação infinitesimal dX de X e a variação infinitesimal dY de Y; e uma *etapa integral*, obtendo a expressão Y = F(X) a partir da relação dX e dY. O sucesso dessa estratégia depende de como dX e dY são versões infinitesimais de X e Y. Na busca da expressão de dY em termos de dX, podemos desprezar infinitésimos de ordem superior.

(transformação projetiva), ou em críticas depreciativas e reivindicativas (transformações em alucinose, Bion, 1965).

Bion (1975) sugere também o seguinte espectro de possibilidades na simetria *criação* e *degeneração*: *criação » analogia » transferência » ilusão » ilusão grupal » delírio » alucinação » assimetria » degeneração*.

Podemos imaginar esse espectro criando um gráfico visual[14] de funções. Nesse gráfico, a letra Y representa o paciente. Também pode ser a representação de parte de uma *função* dentro de um campo específico. *F(x)* seria a representação da *função alfa* do analista. Ela precisa adequar-se ao paciente estabelecendo F(x) = Y. Ou seja, ambos participam da construção dessa função.

Criação   Analogia   Transferência (transformações)   f(x) = **função alfa**   x = **analista**   y = **paciente**   f(x) = y

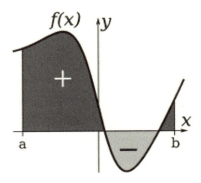

Ilusão   Ilusão grupal   Delírio   Alucinação   Assimetria   Degeneração

Figura 2.1

---

14 Note-se que não se trata, aqui, de matemática, mas do uso de um *modelo visual* com o intuito de promover a discussão e a imaginação sobre simetria, funções analíticas, criatividade, negatividade e destrutividade inevitável decorrente da parte psicótica da personalidade.

Como observadores, podemos estabelecer um ponto arbitrário (princípio de incerteza), no qual começa a transformação: *a – (Tα)*. O trajeto vai até o *ponto b (Tβ)*, no qual a transformação termina. Nesse trajeto, ocorre o movimento no qual se produzem, simultaneamente, as *criações* e as destruições de formas. São duas grades sendo formadas ao mesmo tempo: uma positiva e outra negativa.

Note-se que a resultante do processo representado por x é bem restrita se comparada ao todo do movimento. Ou seja, apesar de todo o trabalho que uma sessão requer, o resultado é sempre relativamente pequeno. E fica ainda menor, nulo ou negativo se os aspectos da grade negativa não forem trabalhados.

Os *elementos C* são usados na *criação da analogia* utilizada para observar a transferência. No gráfico, o ponto a (arbitrário) representa o início do *estado mental criativo do analista*. O analista pode, nesse ponto, encontrar-se num estado mental sem memória e sem desejo, ou usando sua *capacidade negativa* para captar variáveis e invariantes até visualizar uma *conjunção constante*.

Quando decidimos dar uma interpretação, consideramos que a *conjunção constante* das variáveis de *Y* (o paciente) foi alcançada. Note-se que a atividade criativa decai bruscamente quando a analogia se transforma em uma interpretação.

Os *elementos C* fornecem, para a interpretação, uma âncora psicanalítica para a relação, na expectativa de impedir o aparecimento de uma grade negativa. Todavia, isso nunca ocorre plenamente. A importância preferencial dada ao *vínculo* vai assinalar a opção pelo caminho do *crescimento*. O caminho será de *decadência* quando se opta pelos elementos vinculados. Os elementos estão sempre em divergência, por sua oposição radical de objetivos. Por exemplo, boca-seio precisa definir uma relação, mas se a importância dada à boca for maior que ao seio, ou vice-versa, teremos *degeneração*.

Bion (1975) dá o exemplo do paciente com gagueira, cujo crescimento ficou detido por conta da importância acentuada dada às funções fisiológicas (urinar e defecar), bem como da boca como um objeto que precisa ser constantemente gratificado pela língua. A estreita faixa de objetos e possibilidades restringiu suas comunicações em geral e, consequentemente, seus vínculos.

O gago impõe restrição quando não consegue pronunciar as palavras, e aí se estabelece uma circularidade: ele não se sente entendido pelas pessoas, e as pessoas não o entendem. Na análise, podemos observar diversas "gagueiras". Além das verbais, podemos ter gagueiras visuais, auditivas, olfativas, institucionais e políticas.

A interpretação ou construção capaz de descrevê-las, depende do *vínculo intuitivo* da dupla. Como esse vínculo se desenvolve pela *imaginação* do analista e pela capacidade de sonhar e escutar do analisando (*função alfa* de ambos os lados), ele é constantemente colocado em risco, tanto por ataques deliberados como por sua fragilidade essencial, e pela fadiga produzida pelos resultados escassos. Daí a necessidade de ser *protegido* e mantido. Como desenvolver essa proteção?

Caveat Emptor[15]

O objetivo metodológico da Grade é fornecer um aparelho de treinamento mental para avaliar o campo da relação analítica. Podemos fazer uma analogia com uma academia de ginástica mental,

---

15 Expressão latina que, literalmente, significa "Cuidado, comprador". Pode ser uma advertência, um aviso para considerar algo antes de qualquer ação ou uma afirmativa que limita uma generalização – um pedido de particularização ou prudência, sendo esta última uma ação ponderada, discutida, examinada. Diz Aristóteles que só deliberamos sobre o que é obra do homem o que está sujeito à mudança.

que procura deixar o analista com um bom preparo psíquico para enfrentar os desafios requeridos pelo seu trabalho. Também se compara a uma investigação arqueológica dos vestígios da configuração edípica presentes no material clínico. A vantagem é que pode ser praticada em privacidade – após a sessão –, quando o analista não está sob pressão ou ataque do analisando.

Bion (1975) diz que esse preparo fica ainda mais fundamental quando temos que lidar com certos pacientes cujo padrão de comunicação encontra-se restrito a uma *estreita faixa de onda*. Nesse caso, pouca opção tem o analista, pois ou o paciente sente que recebe a comunicação correta ou sente que não recebe nada. O analista é exigido a ser *preciso* na recepção da comunicação do analisando, o que pode requerer um receptor de longo alcance. Consegue-se isso pelo uso da *simetria*. Mas quais são os elementos que vamos escolher para dar qualidade a essa simetria?

Uma das soluções está em captar e usar a linguagem das *emoções nas construções*, pois estas possuem uma *precisão* matemática.

Todavia, esses pacientes podem apresentar um grave problema, que é a dificuldade para sofrer a *dor psíquica*: eles sentem a dor, mas não a sofrem (Bion, 1970). Com isso, as emoções ficam vagas e se comunicam por generalizações crescentes ou particularizações decrescentes (uso de elementos beta).

Por exemplo, uma paciente usa uma série de fracassos em suas relações amorosas como prova de sua *onipotência*. Seu relato guia-se por uma certeza onipotente e onisciente do efeito destrutivo que tem sobre as pessoas. Ela generaliza: "*Todas as minhas relações são assim*". Essa afirmativa não resiste a um exame detalhado, pois se trata de uma pessoa capaz, benquista e bem-sucedida em seu trabalho. Por que essa cisão? E por que escolheu essa visão negativa, excluindo o restante?

A paciente se vê como uma pessoa frágil diante de suas emoções. Ela desenvolveu, ao longo da vida, "técnicas" para se defender dessa fragilidade. Em seu funcionamento psíquico, é possível descrever uma simetria fundamental de sua história, que podemos nomear de *solidão* e *dependência*. Entre um elemento e outro, a paciente colocou apenas fragilidade, e emprega contra ela métodos de fuga oniscientes. Como acrescentar outras opções a este espectro?

Em diversas sessões, foi possível observar que essa paciente precisa afastar o analista de seu poder destrutivo, estabelecendo com ele uma distância emocional segura. Ela tenta fazer isso usando um discurso pleno de generalizações que se expressa por uma fala monocórdia. Quase chega, com isso, a produzir sonolência no analista.

Ela discorre sobre assuntos teóricos de psicanálise, fala sobre a leitura de livros supostamente esclarecedores de seu problema. O analista fica, com isso, privado do elemento emocional que dará a precisão necessária a suas interpretações. Aqui podemos usar novamente a analogia do elefante perseguindo um tigre. Uma espécie de relação na qual o analista pode se sentir inadequado no papel de um predador pesado, lento e inadequado, pois tudo que diz não alcança a paciente. Ocorrem sessões em que o analista se sente, ao final, pior analista que era no início. Bion (1979) sugere que devemos acolher isso de outra forma, pensar de outra forma, buscar outros vértices e tentar tirar proveito de um mau negócio. Vejamos mais sobre isso.

Bion (1975) diz que experimentou essa mesma situação na sua forma mais aguda com o músico que exige o tom perfeito. Diz que também teve que lutar com isso num paciente cujo sentido visual lhe tornava impossível tolerar o mais leve desvio do que era, em sua opinião, a cor correta.

Bion (1975) indaga: tais fatos requerem que o analista não fique restrito à evidência produzida pela fala, mas deve ele ficar restrito à comunicação? Podemos aqui falar da pressão exercida pela *singularidade*. Por mais identidade que exista entre as pessoas, sempre existe um ponto em que a diferença exerce pressão e pode ser intolerável, dependendo da operação mental em curso.

Vou tentar exemplificar o que poderia ser feito pela paciente mencionada usando os conceitos de simetria no campo analítico.

Bion (1975) dá o exemplo da interpretação (como oposta à construção) da *onipotência*. Uma interpretação que apenas descreve sua conduta com o termo isolado é algo particularmente infeliz. Ela minimiza a *conjunção constante*,[16] que é a realidade frequentemente mal representada pelo termo solitário *onipotência*, ou mesmo pela sua visão simétrica, que é o *desamparo*. Torna-se necessário pensar num espectro que tem em um polo a onipotência e, em outro, o desamparo, e ampliá-lo como espectro de captação usando um mito, ou um sonho, ou pensamentos selvagens.

Bion (1975) exemplifica a criação desse espectro com o uso da linguagem de "A morte de Palinurus", trecho da *Eneida*. O trecho fornece uma *construção* melhor do que qualquer interpretação, pois permite estrategicamente delinear em conjunto os elementos associados quando o problema em questão é de onipotência/ desamparo. Os termos são simétricos se entre eles houver uma ponte de *elementos C* fornecidos pelo relato artístico e mítico. Assim, o trecho da *Eneida* funciona como ativador da *imaginação* do

---

16 "*Constant conjunction*" é um termo usado em filosofia como uma variante ou quase um sinônimo para causalidade e indução. Ela pode ser usada para contradizer uma frase comum: correlação não é causalidade. Frequentemente, foi associada com ou em constante concomitância pelo filósofo Hume, que usou a frase com grande regularidade em sua discussão dos limites do empirismo para fornecer uma explicação de suas ideias de causalidade e inferência.

analista no desenvolvimento de hipóteses e/ou analogias e conjecturas imaginativas.

Por exemplo: imaginemos a situação na qual Palinurus se encontra com o deus Somnus (em latim, Hipnos) e eles travam um diálogo, uma tentativa de negociação. Imaginemos que o paciente fala como se fosse Palinurus, ou o deus Somnus, ou outro personagem do texto. Vamos escutar quem fala sem esquecer que o analista pode também falar como um desses personagens.

Somnus – a onipotência – foi narcisicamente ferido pela contestação de Palinurus. Seu ódio vem à tona. É como se ele indagasse: quem é este arrogante humano que desafia um Deus com uma lógica diferente? Teria o deus a lógica do fundamentalismo? Uma fúria contra quem pensa (os hereges ou infiéis)?

Um analista que está "amarrado" a uma teoria pode ser uma representação do Palinurus desamparado e amarrado ao timão. Ele pode estar amarrado a uma fidelidade teórica institucional. Dessa forma, pode fazer intervenções da natureza de uma *transformação em alucinose* (Bion, 1965) – o que, simbolicamente, pode representar matar o analisando ao agir também como o deus Somnus.

Drogado pelo deus do sono, Palinurus é atirado ao mar com fúria e ruído. Enéas, o capitão da frota, acorda e coloca em si mesmo o capacete de timoneiro, assumindo a tarefa. Inconsciente da influência do deus Somnus, ele acusa Palinurus de complacência e negligência. O mesmo pode ocorrer com o analista que usa memória, desejo e necessidade de compreensão? Quão "drogado" se pode ficar quando esses elementos agem no nosso estado mental?

Outro vértice que pode ser desenvolvido enfoca o uso de *mentiras*. Os pacientes podem mentir sobre sua situação na análise. Comparemos isso com Somnus mentindo para Palinurus: a intenção do deus (onipotência e onisciência) de usar um disfarce para seduzir era tomar o controle do barco. O mentiroso fornece material para fantasias de onipotência porque, em vez de falar a verdade, ele simplesmente não registra a história – ele faz algo no lugar de registrar. Registrar, falar a verdade é, para o mentiroso, meramente uma insignificante engrenagem na totalidade de uma máquina.[17]

Investigar o uso das mentiras na análise quando tudo parece muito calmo é sempre prudente. O mentiroso faz transformações em alucinose, tendo como lema "*As ações são superiores às palavras*". Essas ações costumam disparar situações decorrentes da imaturidade da personalidade. Penso que podemos tentar não nos enganar com o fato de que, quando o mentiroso relata algo, ele está na verdade agindo.

O indivíduo imaturo pode agir prematuramente, sem prudência em suas ações – a contrapartida é sua dificuldade para aceitar a vida real, pois a frustração é uma característica essencial da vida real. Ele pode tentar evitar a vida real recorrendo a mentiras – ou usar drogas.

A frustração também é uma característica da análise. No mínimo, a frustração da ação. A sugestão da análise é que se deve pensar primeiro para agir depois. Mas isso se choca com o mentiroso e drogadicto.

A conjunção constante *intolerância à frustração*, alimentada por *ambição*, pode perpetuar um ciclo no qual o pensamento é substituído por *onipotência*. Quando se perde o pé na realidade, a frustração aumenta, tirando a oportunidade que a personalidade tem de obter moderação pelo pensar. Esse ciclo empurra em

---

17 Com efeito, isso significa que, na personalidade na qual a *intolerância à frustração* coexiste com *grande ambição*, a *voracidade* tende a dominar, e o "resultado" domina com voracidade.

direção à violência, roubo, corrupção, fraude, falta de caráter e assassinato. Podemos colocar essas ações como provenientes de tipos diferentes de superego, visíveis em um *espectro de possibilidades* que começa com o superego assassino, num extremo, e vai até o superego social,[18] no outro extremo.

Bion (1975) considera que o termo "onipotência", utilizado numa "construção", é muito abstrato para dar uma ideia da realidade que os analistas podem ter que evidenciar. Onipotência, onisciência e deus, junto com os elementos simétricos desamparo, incompreensão e agnosticismo, são afirmações ainda muito abstratas. Mais uma vez, a questão é encontrar uma *versão C* desses elementos, uma formulação visual deles que, ao constituir um espectro de simetrias, atue como um sonhar (função alfa).

São incontáveis os termos *simétricos* que fazem parte da análise e que se mantêm carentes de uma *versão elementos C* para que se possa elaborá-los.

Vou sugerir mais alguns além dos mencionados por Bion, para com eles tentar uma versão *elementos C* que possa ser útil na análise:

Anorexia --------------------------- Alegria de viver

Escolha flexível -------------------- Autocrítica rígida

Contenção ------------------------- Capacidade de perda

Segurança --------------------------- Liberdade

Exagero ----------------------------- Moderação

Identidade ------------------------- Dispersão

Impaciência ----------------------- Resignação

Superficialidade -------------------- Intimidade

Generosidade ---------------------- Voracidade

---

18 Espectro de superegos: Assassino <-à ladrão à (parasitário) à violento à (simbiótico) à repressor à social (comensal).

Prazer estético ---------------------- Melancolia
Grandiosidade ---------------------- Masturbação
Intriga ---------------------------------- Fobia
Inibição-------------------------------- Teatralização

Como encontrar construções que sejam adequadas ao paciente que nos apresenta uma das possibilidades acima? Além do mais, temos que considerar que existe um *tipo de falha da função alfa* que está implícita em cada uma dessas possibilidades simétricas. Este fator torna o trabalho ainda mais difícil, pois exige constante criação.

Não obstante, as falhas que se relacionam com estados mentais muito primitivos precisam ser reveladas pelo trabalho analítico. O analista pode estar preparado ou, pelo menos, tê-los em mente como possibilidades para formular observações que façam essa *ponte* entre um *estado pré-natal* (intuição) e um estado de mente *pós-natal* (imaginação).

Conclusão

Finalizo com uma reflexão inspirada pelo poema de Frost. Pode ser próximo da verdade que existe um corolário, talvez silencioso, talvez persistente, sem palavras muito efusivas: aqueles que se dedicam à psicanálise – que podem e puderam experimentar o seu processo – e que passam muitas e muitas vezes pelas portas de um consultório, indo e vindo, além de dedicar incontáveis horas estudando diversos temas, talvez possam, por isso, erguer uma pequena luz na floresta outonal de seus analisandos – onde duas estradas aparecem – e fazer uma boa escolha. E isso vai fazer toda a diferença.

Referências

Arrigucci Jr., D. (1994). O mundo misturado: romance e experiência em Guimarães Rosa. *Novos Estudos Cebrap, 40*, 7-29.

Bion, W. R. (1965). *Transformações*. Rio de Janeiro, RJ: Imago.

Bion, W. R. (1975). *The grid and caesura*. Rio de Janeiro, RJ: Imago.

Bion, W. R. (1979). Making the best of a bad job. In Bion, W. R., *Clinical seminars and four papers*. Abingdon: Inglaterra: Fleetwood Press, 1987.

Bion (1981). *Uma chave para a memória do futuro*. Rio de Janeiro, RJ: Imago.

Bion, W. R. (1983). *Transformações*. Rio de Janeiro, RJ: Imago.

Bion, W. R. (1992). *Cogitações*. Rio de Janeiro, RJ: Imago.

Bion, W. R. (1997). *Two papers: the grid and caesura*. Rio de Janeiro, RJ: Imago.

Chuster, A. (1989). *Um resgate da originalidade – As questões essenciais da psicanálise em W. R. Bion*. Rio de Janeiro: Degrau Cultural.

Chuster, A. (1999). *W. R. Bion – Novas leituras* (Vol. 1). Rio de Janeiro, RJ: Companhia de Freud.

Chuster, A. (2001). *W. R. Bion – Novas leituras* (Vol. 2). Rio de Janeiro, RJ: Companhia de Freud.

Chuster, A. (2014a). *A lonesome road – Essays on the complexity of Bion's work*. Rio de Janeiro, RJ: Trio Studios.

Chuster, A. (2014b). *W. R. Bion: A obra complexa*. Porto Alegre, RS: Sulina.

Freud, S. (1972). *Construções em análise*. Rio de Janeiro, RJ: Imago. Publicado originalmente em 1927.

Frost, R. (2015). *The road not taken and other poems*. New York, NY: Penguin.

Gide, A. (1985). *Córidon*. Rio de Janeiro, RJ: Editora Nova Fronteira.

Matte-Blanco, I. (1975). *The unconscious as infinite sets: an essay in bi-logic*. London: Karnac Books.

Orr, D. (2016). *The road not taken*. New York: Penguin.

Vaihinger, H. (1968). *The philosophy of "As If"*. New York: Barnes and Noble. Publicado originalmente em 1924.

3. Expansão do universo mental em vida face à morte[1]

Antônio Muniz de Rezende

Entre outros assuntos, pretendo neste artigo tratar de duas questões significativas: *vida* e *morte*. Como este trabalho foi inicialmente apresentado de forma oral, pretendo inserir ao longo do texto algumas perguntas que me foram feitas durante minha exposição.

Nossos pensamentos, como diz Bion, não nos pertencem. Bion diz assim: "São pensamentos à procura de pensadores". Não somos seus donos.

Como introdução ao assunto, diria: preparando o Congresso de Fortaleza, que será sobre vida e morte, estou pensando principalmente na psicanálise de pacientes idosos, levando em conta minha própria realidade... com 90 anos incompletos. Como pensar na morte de maneira saudável?

---

1 Trabalho apresentado na X Jornada de Psicanálise: Bion 2017. Participou da revisão para publicação Celso Antonio Vieira de Camargo (membro associado da Sociedade Brasileira de Psicanálise de São Paulo – SBPSP).

Essa *introdução* me serve para entrar no assunto. E gostaria de dizer, antes de mais nada, que vou servir-me da contribuição de Bion, e começo me perguntando: *por que Bion?*

Tivemos, há mais tempo, um simpósio aqui em São Paulo cujo texto foi publicado com o título "Bion em São Paulo". Naquela ocasião, escrevi:

> *Bion esteve várias vezes no Brasil, especialmente em São Paulo, ministrando conferências, oferecendo supervisões, presidindo seminários clínicos; a maioria desses trabalhos publicada como Brazilian Lectures. Esse título desperta em mim especial ressonância afetivo-cognitiva, levando-me a encarar os referidos textos como uma espécie de TESTAMENTO deixado aos psicanalistas brasileiros. Testamento acolhido com todo o respeito e a consideração de que nosso Fórum de Debates vai ser mais um sinal ou TESTEMUNHA.*

Quero chamar a atenção para três palavras que vão aparecer no coração de meu texto: *testamento, testemunho, acabamento.* O *testamento* é o que deixamos; o *testemunho* é nossa própria vida, de acordo com o testamento; o *acabamento* é uma expressão usada pelos artistas, antes de expor uma obra de arte. Um "acabamento final".

Meu trabalho, aqui, vai ter essas três características. Quero acentuar isso, e oportunamente voltar ao mesmo assunto.

De maneira mais condensada, trata-se de estudarmos as relações que se estabelecem entre "corpo e alma", com ênfase na terapia corporal. O descuido com o corpo acaba apressando o momento da morte.

Aqui, nós temos uma "problemática" especialmente rica e desafiadora: como é que lidamos com nosso corpo? Eu diria que a questão da morte vem com o corpo.

E há uma frase que vamos citar daqui a pouco, de um cientista inglês... publicada nos jornais. Não li a pesquisa, mas, no artigo que foi publicado, ele disse de maneira metafórica: "A doença vem como uma sujeira no corpo. Se limparmos o corpo, ele não adoece". E, na conclusão, o autor afirma que poderíamos viver mil anos! Gosto de dar o exemplo extremamente simples de nossos rins. O rim é um filtro e, se não funcionar bem, a sujeira vai para o sangue. Do sangue, para o corpo todo. Nesse sentido, a limpeza pode ser uma primeira medida favorável, inspirada na pulsão de vida. E, se não for, é sinal de que a pulsão de morte está mais ativa.

Freud coloca o problema básico, falando da *pulsão de vida* e da *pulsão de morte*. A questão que se coloca é a respeito de uma maior influência da pulsão de morte, diminuindo a ação da pulsão de vida.

Esse termo usado por Freud, "pulsão", mostra bem o dinamismo, a atividade, tanto no nível consciente como inconsciente.

A pergunta que pretendo fazer o tempo todo é se "estamos a serviço da pulsão de vida ou da pulsão de morte". Tanto no nível *inconsciente* como no nível *consciente*.

P: Quando você fala de "corpo e alma", os franceses costumam falar de *"esprit"*.

R: Atenção: a referência de Bion é mais antiga. A distinção é *soma, psique, pneuma*. Soma é corpo, *psique* é mente, *pneuma* é espírito. É importante situar essa distinção no vocabulário de Bion. Obrigado por sua pergunta, porque me permite explicar ainda melhor o título de nosso novo livro: *Pensando e repensando o mistério da mente humana – De K para O.*

Quem já esteve em Minas, conhece a serra do Caparaó. Quero utilizá-la como metáfora para essa questão, já que tem essa denominação curiosa: de K para O. Qual a metáfora? Costumamos dizer que "vamos subir a serra", com mudança de nível e de vértice. O nível mais alto é "pneumático". O nível do meio é "psíquico", o mais baixo é "somático".

P: E a respiração é pneumática!

R: Atenção, pois as associações são importantes, na hora certa. Digo isto porque *pneuma*, em grego, é *spiritus* em latim, com o sentido de *sopro*. E nós vamos ver daqui a pouco como, na criação, "Deus *soprou*". O sopro é o *espírito criador*.

E agora posso retomar tudo isso a propósito do *símbolo*. Há um texto meu à disposição dos psicanalistas, no site da Febrapsi, com o título "A Odisseia de todos nós".

Qual o tema? O *fio*, com o qual Penélope *fiava... fiava... fiava*. Quando pronunciamos a letra *f*, nós assopramos. O *fio* é sopro, o sopro é espírito. Penélope fiava, soprando... respirando, com vida.

E na metáfora de Homero... é também o *fio* que *ligava* Penélope a Ulisses. Eles ficaram separados durante vinte anos, mas permaneceram *fiéis* um ao outro, isto é, bem ligados.

A temática do *pneuma*, do *sopro*, do *espírito*, do *fio*, do *vínculo* é da essência do **símbolo** segundo Bion. E aqui já introduzo a definição de símbolo, para não perder a oportunidade:

"O símbolo é uma polissemia encarnada, estruturando-se dinamicamente, na dialética da imanência com a transcendência".

Cada uma dessas palavras daria um trabalho!

Comecei por essa definição, que é a mais atual... (como encontramos, por exemplo, na obra de Merleau-Ponty.... e Paul Ricoeur), mas a noção clássica, antiga, inspirada em Homero, pode ser encontrada no *Dicionário grego*, de Bailly, nos seguintes termos:

> *O símbolo era um objeto primitivamente uno, que duas ou mais pessoas repartem entre si, no momento em que vão separar-se. Cada qual conserva seu fragmento. Mais tarde, muito tempo depois, ao se reencontrarem, elas e servem de seu fragmento para fazerem-se reconhecer; e nesse reconhecimento recebem um nome novo, como sinal da história vivida em separado, e que lhes permite ocupar um lugar novo, no todo igualmente restabelecido.*

Com isso, criamos um clima entre dois personagens, com uma *ligação* peculiar.

P: Como fica a *"cópula"*?

R: Esta pergunta é a sequência natural em nossa leitura da *Odisseia*. Quando Ulisses voltou... vinte anos depois, os pretendentes queriam ficar no lugar dele, *"no trono e na cama"*. Daí Penélope lançar dois desafios: o primeiro, relativo à intimidade do casal. *"Como é feito o leito deles?"* Ninguém sabia. Mas Ulisses sabia: *"De troncos de oliveira"*.

E o teste seguinte era passar uma seta pelo vão de sete machados enfileirados. O que não deixa de ser uma metáfora do pênis penetrante. Os pretendentes não conseguiram. E o texto chega a dizer que a seta de alguns caía logo ali... como um pênis murcho... Mas Ulisses conseguiu, conhecedor que era da intimidade do casal.

E eu acrescentaria que também a experiência psicanalítica da verdade finalmente se chama *concórdia*, na união dos corações. A pergunta me levou a esta associação que considero muito significativa!

P: Nos textos finais, Freud fala da pulsão de vida como pulsão de *unir*, pulsão de morte como pulsão de *separar*. Pensar vida e morte não como coisa boa e coisa ruim – mas como união ou separação... Com a idade, a gente vai tendo uma sensação muito boa do tempo pela frente...

R: Quero aproveitar esta observação para falar também do *velho Freud*.

Em uma palestra em Campinas mostrei o que aconteceu com o *velho Freud*. Por assim dizer, ele viveu a "tensão" entre pulsão de vida e pulsão de morte.

De que maneira? Ele viveu entre duas guerras. E, antes de morrer, estava com um câncer na garganta. Sabia que ia morrer, e então escreveu três textos principais – *O mal-estar na civilização*, *O futuro de uma ilusão*, *Moisés e o monoteísmo*.

Ou seja, o *velho Freud* viveu, no fim da vida, alguns dos problemas dos pacientes que tratou. E uma das questões mais delicadas era o que chamou de *"sentimento de culpa"*.

Ao falar do *"futuro de uma ilusão"*, nós perguntamos: "qual a ilusão?". Antecipando o que vou dizer depois, a ilusão era a religião que "promete um *paraíso celeste*", depois da perda do *"paraíso terrestre"*.

E por que o paraíso terrestre foi perdido? (Não nos esqueçamos de que Freud era judeu, e aprendeu a ler na Bíblia). O "paraíso terrestre", no começo da Bíblia, foi perdido por causa do *"pecado original"*. O "pecado original" fez com que perdêssemos o paraíso terrestre"... e a "ilusão" é de um *"paraíso celeste"*, prometido.

Vamos prestar atenção ao que fica no meio: entre os dois paraísos. Qual teria sido o pecado original? Segundo a versão darwiniana, que Freud acaba adotando, "*os filhos mataram o pai para ter acesso às fêmeas*".

Essa interpretação, de natureza *sexual*, esteve presente... durante muito tempo, inclusive para Freud. Mas depois... (cf. *Bion e o futuro da psicanálise*), especialmente com Melanie Klein, reconhecemos que o primeiro pecado não foi de sexualidade, mas de *inveja*. A "*inveja matou Adão e Eva*".

P: Eu pensei que o pecado teria sido de querer saber o que só Deus sabia.

R: Não só. O tentador foi Lúcifer. Aquele que tinha "luz" nos olhos e via melhor. E ele conseguiu mudar o contexto, inclusive do conhecimento. "*Este aí, que vocês estão achando que é muito bom... não é nada*".

Outra versão, de novo em contexto francês, é principalmente com Sartre, que continua dizendo: "*Paulo, você não é Deus, e a culpa é sua*".

Isso é Sartre, na primeira versão do *existencialismo*. Mas na segunda (em *O existencialismo é um humanismo*), ele nos tranquiliza: "*Você não é Deus, e não há nenhuma culpa nisto!*".

O que está no meio das duas frases? A *inveja*. Se quiser ser Deus e não conseguir, você se sentirá culpado. "*Não sou Deus e a culpa é minha*". Como no caso de Nietzsche!

Venho estudando atentamente o caso de Nietzsche... e estou entusiasmado... Não com ele, mas com a temática. Vocês viram o filme *Quando Nietzsche chorou*? Um filme, a partir de um livro, muito interessante. Já na primeira cena do filme, nós vemos Nietzsche dando aula de filosofia, e proclamando que "*Deus morreu*".

O filme todo é, por assim dizer, o comentário dessa primeira frase. Isso significa, metaforicamente, que Nietzsche matou Deus... sentiu-se culpado... desamparado, desesperado... querendo matar-se também. Para tal crime... qual castigo? *"Matei Deus... sou um assassino! Vou ter que me matar também!"*

No caso de Nietzsche, nós temos: primeiro, a morte de Deus; segundo, a solidão, o desamparo, o desespero; terceiro, a tentação de suicídio.

É interessante ver, em seguida, o tratamento que lhe foi dado por Breuer, assessorado por Freud, que estava começando. E a resposta do filme à pergunta *"quando Nietzsche chorou?"*: ele chorou quando Breuer pegou na sua mão e o chamou de amigo. Ele não acreditava que alguém pudesse considera-lo amigo... tendo feito o que fez.

Vou voltar a meu texto de maneira bem simples. Freud continua com "Luto e melancolia", apontando a melancolia como uma espécie de vitória da pulsão de morte sobre a pulsão de vida, a tal ponto que a morte de alguém poderia levar-me a querer morrer junto com ele.

Este assunto é delicadíssimo. Estou atualmente acompanhando o caso de um senhor de idade... (Um detalhe que gosto de repetir: estou trabalhando cada vez mais com pessoas de idade, tendo ou não tendo problemas de saúde.) Nesse caso, era uma pessoa aparentemente saudável, um médico, que tinha certa projeção na cidade. A esposa faleceu! Um mês depois ele ficou doente e foi parar na UTI... tendo que ser operado. Eu o estou acompanhando... e ouvi dele uma frase que, por assim dizer, resume tudo: *"Rezende, eu também queria morrer".*

Uma vez, discutimos esse caso em um grupo, e alguns colegas trouxeram outros exemplos. Uma coisa é o luto, outra a melancolia.

Qual a grande diferença? Na linguagem de Freud, é que na elaboração do luto a pessoa volta à vida, e na melancolia continua sob a ação da pulsão de morte.

A temática que proponho, neste trabalho, é bem esta: **será possível elaborarmos, em vida, o luto de nossa própria morte?**

Em psicanálise, eu diria que se trata de um "deslocamento semântico". Não vou ficar de luto pela morte de outra pessoa... mas, antecipadamente, pela minha própria. Trata-se de "*elaborar meu luto em vida...*". É um tema belíssimo.

Bem, este também é meu caso! Sem fazer tragédia nenhuma. Muitas vezes, penso: quantos anos de vida ainda tenho pela frente? Não sei! Em Belo Horizonte brincaram comigo, dizendo que poderia chegar a 104!

De qualquer forma, já sou uma exceção. E então vem a pergunta: *como elaborar, em vida, o luto de minha própria morte?* Ou então: como trabalhar a pulsão de morte levando em conta a pulsão de *vida?*

P: Trabalho de luto em vida... a *despedida dos sonhos* que percebemos que não vamos realizar. A gente, ao longo da vida, vai fazendo um luto.

R: Com isto, podemos agora *conotar o princípio de prazer... e o princípio de realidade.*

A morte, como dado de realidade, é um questionamento inevitável do princípio de prazer.

Se o "sonho é prazer", o princípio de realidade questiona o princípio de prazer! A não ser no caso do masoquista... que tem prazer em sofrer... e eventualmente morrer.

Farei um parêntese para fazer um pequeno desenho mostrando a *estrutura de uma sessão de análise*, segundo Bion.

Ele começa nos falando de *atenção* e termina falando de *interpretação*. (É o título de seu livro.) Só que nós damos a volta, partindo de *atenção* para chegar à *interpretação*. Começamos com *abstração*, continuamos com *simbolização*, passamos à *realização*.

No primeiro momento da *abstração*, nós temos a *extração* de elementos *beta*. Eles sofrem uma *transformação* em elementos *alfa*. E por último viram elementos *sigma* por meio da *transação*.

Em seguida, temos a *simbolização*. O que é a simbolização? Ela começa com uma *intuição* a que corresponde o *conceito*. E vou logo citar uma frase de Bion que todos repetimos: "Isto que o senhor está sentindo é o que eu chamo de inveja". *Isto*: elemento *beta*. O *senhor*: paciente. Está *sentindo*: elemento *alfa*. O que eu *chamo*: conceito: elemento *sigma*.

O nome da experiência é dito por meio de um conceito que é fruto de uma intuição. E aqui vem uma grande contribuição de Lacan, quando faz a seguinte formulação:

Significante	S
Barra	>---------->
Significado	s

A que é que a "barra" corresponde? Ela corresponde à "*referência*": de que é que estou falando? O "*conceito*" diz o que está presente na *intuição* a respeito de alguma coisa.

Em seguida, temos a *realização*. Ela consiste primeiramente em *nomear* e, logo em seguida *comunicar*, oralmente ou por escrito, preparando a *designação*, como expressão da *verdade*.

Lacan resume esse movimento com as sílabas *ris* e *sir*. O que é *ris*? De baixo para cima: do *real* ao *simbólico*, passando pelo *imaginário*. E *sir* é de cima para baixo: o *simbólico* iluminando tanto o *imaginário* como o *real*.

Por que faço esse parêntese? Para mostrar a importância da *realização*, principalmente levando em conta o fato de Bion falarnos do "analista que é *real*, de verdade". E o contrário é um *pseudoanalista*!

Qual a importância da "realização" na comunicação do paciente com o analista, e do analista com o paciente? De maneira muito viva, trata-se de dar *nome* ao "*mistério*" do paciente. Em linguística, a gente fala de *Dêitico* (*Isto*), apontando com o dedo: *isto aí!*

Isto que o senhor está "*sentindo*"! É o sexto elemento de psicanálise, *afeto-emoção-sentimento*. E, para relembrar, vou enumerar os elementos, na seguinte ordem:

1º elemento – A relação continente⇔contido

2º elemento – A relação da PEP⇔PD

3º elemento – A relação LH-K

4º elemento – A relação Razão⇔Paixão

5º elemento – Pensamento⇔Ideia

6º elemento – Afeto-emoção-sentimento

7º elemento – Narcisismo⇔Social/ismo

8º elemento – Ação⇔Atuação

9º elemento – Comunicação⇔Linguagem

10º elemento – Analogia simbólica⇔Transformações

É interessante observar como todos os elementos são *relações*; e como o *sexto* é a relação *afeto-emoção-sentimento*; que, por sua vez, prepara o *pensamento*; que prepara a *ação*.

P: Afeto, emoção, sentimento... Bion usa indistintamente essas palavras?

R: Não! A pergunta me permite dar um esclarecimento. O *afeto* é de fora para dentro. Por exemplo: "sua pergunta me afetou. Seu olhar, seu gesto me afetaram".

Já a *emoção* é de dentro para fora. Alguém faz uma pergunta... eu reajo internamente. Gosto da pergunta, e aí me disponho a respondê-la prazerosamente.

Juntando os dois, "afeto+emoção", nós temos o *sentimento*. E, atenção, o sentimento prepara o *pensamento*, que por sua vez prepara a *ação*!

No dia em que entendi isso... por assim dizer abriu-se um espaço inteligente na minha relação com Bion. Como vou dizer daqui a pouco: "a *frustração* faz pensar", mas a *satisfação* também faz!

Vou reler o parágrafo que estou comentando: **"Conotando o princípio de prazer e o princípio de realidade ... a morte como dado de realidade ... frustra o princípio de prazer".**

O que estou querendo enfatizar é a *realidade*... como critério de valor. Não se trata de um *"sonho"*... no *imaginário*. A morte, como dado de realidade, é um questionamento inevitável do princípio de prazer!

Mas será que, com isso, desistimos do princípio de prazer? Não! E aí está mais uma diferença entre o luto e a melancolia! Posso falar da *morte* como dado de realidade *natural*! *Naturalmente*, nós morremos.

P: O princípio de prazer, no limite, também não leva à morte? Seria um retorno ao inorgânico como ausência de tensão!

R: Esta questão traz um aspecto delicado: "qual o risco?". Tomemos o caso do drogadicto... Suponhamos que ele pergunte ao terapeuta: "Você acredita que tem vida depois da morte?". O terapeuta, muito discreto, possivelmente responderá: "Não posso afirmar". E o drogadicto poderá acrescentar: "Então, eu é que tenho razão! Quero gozar enquanto tenho vida". O princípio de prazer, no caso do drogadicto, leva-o a provocar a morte, por prazer! A droga faz mal. É prazerosa, mas faz mal. Em nome do prazer... ele aceita as consequências!

Vocês viram o filme canadense *As invasões bárbaras*? É um filme precioso, no sentido de mostrar um final preocupante. Nós moramos no Canadá, e Sonia, minha mulher, foi colega de Denys Arcand, produtor desse filme. Aliás, ele fez também outro que se chama *O declínio do império americano*. Os dois têm a mesma temática: quando e como a vida merece ser vivida?

Lembram-se do final do filme *Invasões Bárbaras*? Remy tomou heroína... e a droga o levou à morte. Por assim dizer, ele morre... sorrindo! Com os amigos em volta.

Este é outro assunto. Pode sim haver algum prazer... em morrer! Pode haver preferência por algum prazer, em vida, tendo a morte como consequência. O exemplo típico é a droga. Ela é prazerosa e faz mal. Dependendo do uso, pode levar à morte! Ou à loucura... como no caso de Nietzsche.

P: Esse prazer extremo, pela droga, já é uma forma de morte. O prazer de morrer.

R: Atenção: nós usamos também uma expressão que nem sempre as pessoas entendem: "*alienação*"! A alienação é a perda da própria identidade. Um dos aspectos da droga é a "perda da identidade"... em vida, e com isso a morte.

Tivemos, aqui na Sociedade, um encontro importante entre juristas e psicanalistas. A questão era "O direito nosso de cada dia". Qual o direito nosso de cada dia? A *identidade*! E aí eu entrei com uma discussão mais bioniana, perguntando: **"Quem é quem, com quem, para quem".**

Nossa identidade... Isso é tão profundo e tão bioniano!... não é "ab-soluta", nem "uní-voca". Nós somos seres de relação, a começar por pai e mãe. Eu sou filho de... está na carteira de identidade. "Antonio... filho de Áureo... e Georgeta". E vou mais longe, valorizando também a relação com os filhos: Antonio... pai de Cristiano e André!

Podemos pensar, como uma das maneiras de elaborar o luto na velhice, em restabelecer nossas *amizades*. E quando escrevo sobre isso... não deixo de citar um autor clássico chamado Cícero. Nós, mais velhos, quando estávamos no curso clássico, traduzíamos as *Catilinárias*. *"Quousque tandem abutere, Catilina, patientia nostra?"* Mas ele escreveu dois outros livros importantíssimos: *De Senectude*, sobre a velhice; e *De Amicitia*, sobre a Amizade.

Qual uma boa maneira de elaborar o luto de minha própria morte... na velhice? Restabelecendo velhas amizades, ou mesmo criando novas.

Em todo caso, vocês vão ver, daqui a pouco... como é importante fazer novas amizades; e *relatar*, para os que ficam, nossa experiência de velhas amizades. (Vejam o exemplo da Raïssa Maritain, escrevendo sobre *As grandes amizades*).

Daqui a pouco, vou falar de *testamento, testemunho, acabamento*... E aproveito para citar, como exemplo, a biografia que Rogério

Cerqueira Leite acaba de publicar, com o título *Aprendiz de Quixote*. Ele fala dos amigos e conhecidos o tempo todo.

E eu tenho dito a meus pacientes, principalmente idosos: "Escrevam sua vida", contando "quem, com quem, para quem"!

Até porque, voltando ao tema da individualização, nós não somos "sós", nem nunca *fomos*. A não ser do ponto de vista psicológico... e por isso Freud fala também de "*solidão e desamparo*".

Repetindo: **com relativa frequência, a realidade vital é frustrante, fazendo** *pensar* **em como modificá-la. Bion é explícito ao dizer que a frustração faz pensar em como diminuir a frustração. Será possível atenuar a frustração com a** *morte*?

Este é um belo desafio... Sei que vou viver mais alguns anos apenas. Como lidar com isso? Fazendo o que estou fazendo: estou aqui com vocês, convidando-os a pensar na *vida*, e na *qualidade de vida*.

Bion diz claramente que a frustração faz pensar. E Jacques Derrida faz importante comentário sobre a obra de Deleuze-Guattari, sobre a "*esquizo-análise*".

Segundo eles, a palavra "*análise*", a partir do grego, poderia ser entendida como sinônimo de "*esquizo*", com o sentido de "*separar*"... E eu gosto de dar um exemplo extremamente simples, com o "laboratório de análises" e o exame de fezes. Você separa "isso pra lá, isso pra cá"... e se houver alguma coisa diferente... você poderá tratar.

Mas Jacques Derrida mostra outros aspectos. Tendo separado, nosso desafio é "juntar" de outra forma. E aí ele se serve de três verbos, de maneira extremamente inteligente, falando de "*construção, desconstrução, reconstrução*".

Construção de quê? De nossas defesas. Se a realidade é ameaçadoramente frustrante... nós construímos uma defesa. Essa "*defesa*" pode ser mais ou menos "*forte*"... como uma *fortaleza*... na qual ninguém entra, e da qual ninguém sai.

Dessa forma, ela se torna uma prisão! Nossas defesas viram prisões. Daí a proposta de Derrida: *desconstruir*... as construções defensivas que se tornam prisões, e em seguida *reconstruir*.

Aliás, um exemplo na Bíblia é a *torre de Babel*. Uma defesa construída de tal forma... que nem Deus poderia ameaçá-los com o dilúvio. Mas o que aconteceu? A *desconstrução*! Na própria subida da *torre*, houve confusão das línguas, e eles não mais se entenderam!

Moral da história: era preciso *reconstruir* essa defesa, noutro nível e com outro intuito. E qual foi o novo intuito que então apareceu? A *aliança com Deus*, de que o *arco-íris* no céu se tornou um símbolo.

Qual a solução do desafio da torre de Babel? A *aliança*. Uma *reconstrução* na *aliança*, sem fechar-se em si mesmo, com recursos insuficientes!

P: A reconstrução tem a ver com *Aprender com a experiência*?

R: Certamente. A reconstrução é possível no *Aprender com a experiência* e com novos recursos. Na psicanálise de Bion, também é assim: uma boa análise "desconstrói" e "reconstrói".

"Não só a frustração faz pensar, mas a satisfação também faz." E faz pensar de outro jeito (cf. Heidegger).

Isto é, faz pensar em como retribuir em nome da gratidão... ao contrário da inveja. A inveja não retribui. Ao contrário, ela maldiz. A maledicência é um dos sinais da inveja. Ou melhor, o que é bom fica ruim para o invejoso. E para a pessoa grata, o que é bom fica melhor. Até porque ela acrescenta sua própria "*consideração*", aumentando.

P: Em análise, a inveja pode ser reconstruída?

R: Primeiramente ela tem que ser desconstruída. Aliás, é muito delicado trabalhar com invejosos, porque eles nos enganam quando se enganam! Eles se enganam considerando mau o que é bom. Com isso, a convivência com pessoas invejosas é difícil e muito penosa, para todos. A inveja é perniciosa, e o invejoso tem prazer em falar mal.

Fiz outro quadro, noutra ocasião... sobre *LH-K*, amor-ódio-conhecimento, mostrando as várias correspondências. Uma das mais incômodas é que todo invejoso é também *maledicente* e fala mal do que é bom.

Por isso, uma vez, eu disse esta frase que chocou muita gente: "O invejoso é um bom cabo eleitoral". Se está falando mal de mim, votem em mim... porque sou bom! Todo invejoso ajuda a detectarmos quem é bom.

P: Invejoso tem "olho bom"... para ver o que é mau!

P: Dona Judith falava isso.

R: Agora você mexeu comigo. Dona Judith me ajudou muito! Vou aproveitar sua lembrança para citar uma frase dela: "Rezende... Narciso morre sozinho diante do espelho". Oportunamente, dei um curso todo sobre essa frase... mostrando a estrutura do mito de Narciso. (Posso mandar para vocês.)

É muito delicado... porque Narciso se olha no espelho e fica em-si-mesmado... Outro livro do Ricoeur tem por título *O si mesmo como um outro*. E Narciso, ao contrário, é si mesmo sem o outro! Ele fica preso em si mesmo, *em-si-mesmado*! E qual seria sua salvação? A retirada do espelho, para que o outro possa aparecer... com seu olhar diferente.

Neste momento, o Ignácio está me ajudando muito. Vejam o olhar dele!

Lacan também fala do "estágio do espelho". A criança se reconhece não tanto no espelho, mas nos olhos da mãe. E Narciso não tem mãe para lhe dizer isso!

P: Sua mãe aumentava seu imaginário!

R: Ela precisava tirar o espelho e não tirou. E vocês estão vendo como trabalhamos também por associação livre, pensando os "elos de ligação semântica". Um assunto me faz pensar em outro...

Também a satisfação faz pensar, conforme Heidegger. Ele tem um livro com o seguinte título *Was heißt Denken*, "o que significa pensar". E a resposta está no próprio título: "Denken heißt Danken". Pensar significa *"ser grato"*.

Esta é uma das grandes intuições de Heidegger e, eu diria, do "existencialismo alemão", depois de Freud... além de Freud. No entanto, Melanie Klein certamente conhecia Heidegger. Este seu livro sobre *Inveja e gratidão* eu considero como o mais importante de todos. Em todo caso, é o livro dela que dá o tom e o clima da relação do analista com o paciente.

Por isso mesmo, sempre que toco nesse assunto eu acrescento: "como seu 'grato' a Dona Judith!". A tal ponto que posso brincar com vocês... Uma vez, cheguei meio eufórico, e disse a ela: "Dona Judith eu fiz uma tese de doutorado de teologia sobre São Tomás de Aquino". Ela sorriu e me disse: "Eu prefiro Santo Agostinho". E aí... eu ri com ela, por vários motivos. Mas o principal é que Santo Agostinho escreveu as "Confissões"... numa espécie de autoanálise.

(Neste sentido, vou citar também as "confissões" de Pablo Neruda: *Confesso que vivi.*) Mas este assunto vai voltar daqui a pouco.

Quero agora reintroduzir o tema da *gratidão*. Conforme Heidegger, também a satisfação faz pensar em como *retribuir* em nome da gratidão... ao contrário da inveja. E segundo Melanie Klein, esta seria mais uma vitória da pulsão de vida. "Gracias a la vida que me ha dado tanto". Essa frase foi dita por Violeta Parra! E paradoxalmente ela se *suicidou!*

No Google, vocês podem pesquisar pela história dela. No entanto, eu continuo perguntando qual a melhor interpretação psicanalítica. E muitos respondem dizendo que ela fez um ato político. Nos seguintes termos: "Esta vida que meu povo está levando... eu não quero nem para ele, nem para mim". O suicídio de Violeta teria sido um ato político.

Vou exagerar muito, pensando também na frase de Jesus Cristo: "Não há maior prova de amor que dar a vida por aqueles que a gente ama". Estou exagerando, porque, na frase de Jesus Cristo, não é uma derrota... mas uma salvação. Posso dar um exemplo bem simples: "Meu filho está se afogando na cachoeira. Eu pulo! Pode ser que eu morra. Mas vou tentar salvá-lo".

Portanto, não confundamos a frase de Violeta com a frase de Jesus. Aliás, aqui na frente, vou dizer o contrário: a maior prova de amor não é morrer por aqueles que a gente ama, mas viver por eles... O sinal do amor é "dar vida", e não perder a vida.

Dar vida! E isto é muito sério também do ponto de vista religioso.

Este nosso encontro é uma preparação para o Congresso de Fortaleza. Na programação provisória eles anunciaram minha contribuição como se fosse "Psicanálise da experiência religiosa". É... mas não só. Ao contrário, vou dizer de maneira talvez um pouco ousada: como Jacques Derrida falava da "filosofia depois da psicanálise"... eu também falo de minha "teologia depois da psicanálise".

P: A religião pode ter também o sentido de "religar".

R: Este é o aspecto simbólico, ao contrário do *esquizo*.

Mas eu quero retomar o exemplo de Violeta Parra. *Gracias a la vida*... ótimo! *Me ha dado tanto*... ótimo. E aí ela se suicida? Parece contraditório. Se a vida me deu tanta coisa... eu vou valorizá-la. Quanto mais valor lhe der, mais vou cuidar dela.

Por outro lado, em *O mal-estar na civilização*, Freud levanta a questão do *sentimento de culpa*. A morte seria o castigo de um pecado original? Ou quem sabe de alguns pecados atuais? Assunto muito delicado, do ponto de vista simbólico e do ponto histórico, levando em conta o próprio Freud.

Atenção: eu me sinto muito motivado a falar sobre o *velho Freud*. Ele viveu experiências muito delicadas, e era uma pessoa muito verdadeira. Não escondia seus problemas e tentava resolvê-los. Por outro lado, chego a dizer... que o fundador da psicanálise não teve um psicanalista a altura para ajudá-lo, e teve de fazer uma autoanálise.

Pessoalmente, costumo dizer assim: nasci freudiano, cresci lacaniano, amadureci kleiniano, envelheci bioniano... e agora talvez possa ser eu mesmo, com a ajuda de todos eles. Todos eles me ajudaram a ser eu mesmo, hoje.

No caso de Lacan, há uma contribuição típica, pelo fato de ter conhecido uma linguística que Freud não conheceu. Lacan dispunha de recursos científicos de que Freud não dispunha etc. etc.

Em relação a Bion, qual a vantagem? É que Bion é um cidadão do universo. Vou exagerar no contexto: Freud era judeu, tendo vivido na Alemanha nazista, que perseguia os judeus. Exilou-se na

Inglaterra antes da Segunda Guerra Mundial. Morreu em 1939 (e a guerra foi de 1939 a 1945). Ele falava alemão e inglês.

Bion nasceu na Índia, filho de pais ingleses de ascendência francesa. Era francês, inglês, hindu. Voltando à Inglaterra, participou da guerra contra os alemães como comandante de uma companhia de tanques. Depois foi Presidente da Sociedade Britânica de Psicanálise. Quase foi expulso, porque tinha posições muito ousadas. E foi morar nos Estados Unidos, de onde veio, várias vezes, ao Brasil e à Argentina etc.

Eu mesmo escrevi um livro com o título *Bion e o futuro da psicanálise*. Não apenas olhando para trás, mas para frente. Lacan convida-nos a "voltarmos a Freud", Bion convida-nos a "partirmos de Freud". Esta é a beleza da fotografia da serra do Caparaó, de cujo alto você vê o horizonte a perder de vista.

Qual o convite de Bion? "De K para O, infinito, informe, inominável!" Não nos contentemos com os "limites" da mente humana, e principalmente do inconsciente recalcado!

Mesmo considerando a morte como fenômeno natural, ela se situa no fim da vida, supondo, portanto, uma vida *antes* dela. Uma vida mais ou menos longa... e que se torna mais problemática na velhice.

Donde a questão da qualidade de vida do começo ao fim.

Essa é a boa questão. E quando mencionei esse assunto lá em Belo Horizonte, uma pessoa logo me falou da *concepção*, desde o início. Como terá sido? Melanie Klein chega mesmo a falar de "memórias fetais". A qualidade de vida é um desafio desde o começo.

A esse propósito, estamos vivendo hoje algumas situações paradoxais: com o "desenvolvimento" de recursos artificiais, nós temos a inseminação artificial, a barriga de aluguel, a fertilização *in vitro*! E eu fico pensando... como vai ser a análise de um indivíduo... concebido *in vitro*?

P: Uma mãe que fez isso... ela trouxe um desenho de sua filha como se estivessem em Marte, vestidas de *marcianas*!

R: O que estou querendo valorizar com vocês é a questão da *qualidade de vida, do começo ao fim*.

A respeito do começo, antigamente era pacífico, e alguém já chegou a comparar o útero materno com o céu...

Há uma "piada" a respeito de dois gêmeos no ventre materno. Um deles pergunta: o que que tem lá fora? O outro responde: não tem lá fora... só tem aqui...

Noutras palavras... nosso imaginário (e não só o da criança) poderia levar-nos a pensar que tudo foi às mil maravilhas, desde o começo. De fato, nem sempre! Aliás, depois vem a infância, a adolescência, a idade adulta... cada etapa com seus problemas e desafios.

A tal ponto que um dos bons desafios passa a ser a qualidade da morte, no fim da vida, e a preparação para ela.

Não só a qualidade da vida... mas também da morte. E aqui é que aparece um belíssimo desafio.

Em alguns casos, existe a fantasia de morrer, para acabar com uma vida de má qualidade. "*Prefiro a morte que morrer.*" Prefiro morrer de uma vez que ir morrendo aos pouquinhos... Foi a frase que um paciente me disse. Por isso, com muita frequência, a gente se pergunta: é possível nos prepararmos para uma boa morte?

Estou falando objetivamente. De fato, ninguém sabe a hora. Mas as estatísticas nos ajudam. Por isso não deixo de perguntar: como é que posso preparar-me?

Um exemplo significativo: Pablo Neruda escreveu *Confesso que vivi*. Todos nós deveríamos poder dizer, no fim: "confesso que vivi... da melhor maneira possível".

E aqui surge um tema para o qual gostaria de ter mais tempo: **Três momentos maiores na elaboração do luto:** *testamento*, *testemunho, acabamento*.

A respeito do *testamento*, quanta coisa eu teria a dizer! Mas levando em conta o fato de Freud ser judeu, e ter aprendido a ler na Bíblia, eu gostaria de lembrar uma expressão que todos conhecemos: o *Antigo Testamento* e o *Novo Testamento*.

Essas expressões não foram escolhidas por acaso. O *Antigo Testamento*, na realidade, é a história de *um povo*, por meio da qual ele se tornou Povo de Deus!

Atenção, pois quero valorizar bastante essa peculiaridade do *Antigo Testamento* como história de *um povo*. E, em segundo lugar, o fato de ser um povo que soube *interpretar* sua própria história, com ajuda dos *profetas*. O que é o profeta? Aquele que interpreta a história como "palavra de Deus" manifestando-se na vida de seu povo.

Uma vez, falando sobre o Profeta, tive uma intuição poética que me permitiu dizer o seguinte: o profeta é um poeta com todos os *efes* e *erres*!

O profeta é um poeta da história. Um poeta que sabe captar o sentido da história, em sua origem... em seu fim... mas também em seu encaminhamento. É muito importante isso, também do ponto de vista bíblico.

E o segundo grande espaço da Bíblia é o *Novo Testamento*. Qual a novidade? É que não se trata mais de apenas um povo, mas de toda a humanidade. Não só os judeus... mas todos os homens somos *filhos* de *Deus-Pai*.

E eu gosto de lembrar como, na missa de Natal, há uma frase que repito para mim, para meus filhos e, agora, para vocês: "*Tu és meu filho, eu hoje te gerei*". Esta é a palavra de Deus para todos nós. E o simbolismo do batismo é bem este: "Eu te batizo, em *Nome* do *Pai*".

Daqui a pouco, vou comentar como, para Lacan, o "Nome do Pai", considerado como instância de nomeação, não deixa de ser uma lembrança do batismo.

Um detalhe que nem todo mundo sabe é que Lacan era de família católica e tinha um irmão beneditino (dom Marcos Lacan). Em família, todos sabiam muito bem o sentido das palavras usadas no sacramento do batismo. E quando se refere ao Nome do Pai como "instância de nomeação", Lacan nos está lembrando que é o "Nome do Pai" que dá nome.

Quero, portanto, valorizar o seguinte: no Antigo Testamento, o Povo de Deus; no Novo Testamento, a filiação para todos nós!

E é assim que aparece também o tema do *testemunho*, de que uma biografia-autoanalítica pode ser a expressão, como reconhecimento dos valores e da hierarquia em que foram vividos.

Acabamento com reconhecimento à procura da verdade com gratidão. Mais que cura, a psicanálise é procura da verdade como *concórdia*.

Vocês devem estar percebendo como estou me servindo do "modelo religioso"... a conselho de Bion. Ele nos fala de três modelos epistemológicos: o primeiro, modelo filosófico-científico; o segundo, modelo estético-artístico; o terceiro, o modelo *místico-religioso*.

Bion tem a coragem de assumir, digamos assim, essa dimensão... para fazer a análise de seus pacientes, e falar sobre ela.

A expressão *acabamento* é usada pelos artistas como um gesto final... eu diria uma última pincelada... antes de expor um quadro.

Só que, novamente, na perspectiva teológico-religiosa... o acabamento é atribuído ao *Espírito Santo*. Antigo Testamento, em nome do *Pai*. Novo Testamento, em nome do *Filho*. Acabamento, em nome do *Espírito Santo*. Esses três momentos significam nossa participação na vida da *Trindade Divina*.

Isso com Bion! Por isso ele usa a expressão de *K para O* e fala também de uma mudança de nível e de vértice. Aliás, ao usar essa expressão, ele está citando Krishna... na *Canção sublime* (*Bhagavad Gita*).

Arjuna, o ser humano, "não está entendendo a situação", e pergunta a Krishna... Este responde sorrindo: "Se não mudar de nível, você não vai entender".

Bion também nos convida a mudarmos de nível, e de vértice. A este respeito, lá em Belo Horizonte, tivemos dois importantes capítulos sobre *mundo grande* e *mundo pequeno*. O *mundo grande* vai até ao Infinito; o *mundo pequeno* para muito antes. Onde?

Por exemplo, no *materialismo*. E este é um assunto muito delicado, principalmente quando perguntamos se o mundo de Einstein é grande... ou pequeno. Muitos físicos respondem de maneira pequena, afirmando que "o mundo de Einstein é *físico* e não *metafísico*". Muitos físicos acham que o espaço da *física* é apenas o espaço da *matéria*.

Como tais, são "materialistas" e, por consequência, são também ateus... posto que Deus é *imaterial*.

E agora que disse essa frase, gosto de citar um autor despretensioso, mas que escreveu um livro precioso: Waldemar Falcão, autor de *O Deus de cada um*.

Donde a pergunta inevitável: como é o deus dos ateus? Uma maneira inteligente de comentar é como Rubem Alves fazia: "Da maneira como eles falam de Deus... eu também nego!". O deus dos materialistas... não existe.

E o dos *naturalistas*? Por que estou falando de "naturalistas"? Porque *physis*, em grego, é *"natureza"*. Os físicos são *naturalistas*. Mas quando param na "física", tampouco admitem o *sobrenatural* da *"meta-física"*. Alguns físicos me disseram isso: Sou físico... não sou metafísico!

E aí vêm os *culturalistas*, na sequência bem conhecida: matéria... natureza... cultura. Os *culturalistas* chegam a ponto de dizer: "O deus dos judeus não serve para os chineses. O deus dos chineses não serve para os hindus..." A cultura é considerada como uma espécie de "sobre determinação" da própria natureza.

E eu vou em frente: as culturas atuais, desenvolvidas, tornaram-se *mecanicistas*. Será que o mundo funciona como uma máquina? Que máquina?

Mais um passo e temos uma "máquina *programada* com a *informática*", por meio da inteligência artificial (que também dispensa Deus). De repente, temos um mundo que não precisa de Deus para funcionar!

E o passo seguinte seria a *robotização*. Num primeiro momento, o homem constrói o robô; mas, num segundo, o robô... é que poderia construir o homem!

É isso que você quer? Etc. Etc. Etc. Estou só levantando alguns problemas, de maneira enfática, para terminar.

Um acabamento, com a procura da verdade com gratidão. No final, digamos assim, somos reconhecidos à própria vida. E tentamos ser gratos uns para com os outros. E se me permitem uma confidência: hoje estou fazendo isso com vocês. Estou tentando dar-lhes coisas que foram boas para mim, e me fizeram bem. Sou grato a Bion... e, neste momento, grato a vocês que me ouvem.

Conclusão: A Páscoa, uma Ressurreição em Vida. Um nome novo na Eternidade. *"Tel qu'en lui-même enfin, l'éternité le change"*.

Esse verso é de um poeta francês chamado Mallarmé. Ele tinha um grande amigo por nome Edgar Allan Poe. Quem é Allan Poe? Um romancista, cujo grande assunto era "o crime perfeito". E ele sempre acabava mostrando como não há crime perfeito. O criminoso tenta, por todos os modos, esconder, mas... não consegue.

Assim também o *Inconsciente*. O Inconsciente é uma espécie de perfeccionista em ocultar. Mas... no ato falho... as coisas vão aparecendo.

Por outro lado, Sherlock Holmes... sempre descobre. E nós dizemos que Freud é uma espécie de Sherlock Holmes do Inconsciente.

Quando Allan Poe morreu, Mallarmé escreveu um poema cujo primeiro verso é este: *"Tel qu'en lui-même enfin, l'éternité le change"*. Tal como nele mesmo enfim a eternidade o transforma.

É o que acontece com todos nós! Um dia morreremos e não mudaremos mais. Um dia morreremos e, aí sim, teremos um nome definitivo. No fim, cada um de nós saberá quem é.

Não vou falar mais. Estamos na hora e quero agradecer a atenção de vocês. Uma atenção inteligente. Percebi o tempo todo como estava havendo uma comunicação direta entre nós: de vocês para comigo, e de mim para com vocês.

P: Uma palavra... que não consegui identificar... é a *generosidade*.

R: Obrigado. A palavra generosidade está contida na "gratidão", e também no "*reconhecimento*". Em francês "*re-connaissance*": um conhecimento em profundidade.

Mas eu gosto de lembrar o quarto elemento de psicanálise, que é *razão ó paixão*. Nós nunca temos uma "razão pura". Foi Kant que usou estas expressões: Crítica da *Razão Pura*, Crítica da *Razão Prática*, Crítica do *Entendimento*. Mas Bion nos ensina que "a lógica da psicanálise é uma lógica *simbólico-relativa*", levando em conta a polissemia e a presença das paixões. Por isso, o quarto elemento é "razão ó paixão". Não é razão pura. Em nós, a razão está sempre associada aos afetos e emoções.

E assim aparece também a generosidade: a gratidão estimula um amor maior. Não apenas "retribuir no mesmo nível", mas em nível superior.

Neste sentido, a gratidão faz crescer. Como retribuir mais e melhor? A generosidade é o contrário da inveja. A inveja destrói, a generosidade constrói.

4. A dor psíquica na visão de Bion[1]

Luiz Carlos Uchôa Junqueira Filho

1. A importância da dor para o funcionamento psíquico pode ser avaliada pelo fato de Bion afirmar taxativamente que:

> *Ela não pode estar ausente da personalidade. Uma análise é necessariamente dolorosa, não porque a dor em si tenha valor, mas porque uma análise onde a dor não seja observada e discutida não pode ser encarada como se ocupando de uma das razões centrais para a presença do paciente... A importância da dor pode ser descartada como uma qualidade secundária, algo tendendo a desaparecer quando os conflitos se resolvem: de fato, muitos pacientes sentem assim. Além do mais, isto pode ser reforçado pela circunstância de que a análise bem-sucedida diminui o sofrimento: no entanto, isso obscurece a necessidade, mais patente em certos casos do que em outros, de que a análise possa aumentar a*

---

1 Trabalho apresentado na X Jornada Psicanálise: Bion, em 2017.

capacidade do paciente para sofrer, mesmo se considerando que paciente e analista tenham a esperança de diminuir a própria dor (Bion, 1963, pp. 61-62).

Por entender, como Hamlet, que a meta da psicanálise não é curar, mas sim ensinar a sofrer (*"Wheter'tis nobler in the mind to suffer"*, ato 3, cena 1), e por vislumbrar que Freud já reconhecera que a capacidade de modificar a dor era fundamental na adaptação ao princípio de realidade, foi que Bion elevou a dor ao *status* de "elemento de psicanálise" (1963, p. 62).

2. Bion chegou a esses enunciados a partir daquilo que viveu na própria pele. Durante a infância na Índia, viu-se enredado num abismo assustador entre sua visão infantil, que engatinhava, e os preceitos enrijecidos de um mundo adulto que o sufocavam com exigências preconceituosas e estúpidas.

Ao descrever esse abismo, anos mais tarde, ele cristalizou esse "inimigo sorrateiro" na figura de uma ave de rapina negra que visitava seus pesadelos para amedrontá-lo: denominou-a de "Arf, arfer", uma corruptela que condensava a grandiosidade de um Deus perseguidor (evocado pelo som de *"Our Father"*, início da oração *Pai Nosso*), com a mesquinhez dos riscos de desprezo que os adultos lhe dedicavam em resposta a suas indagações sobre os mistérios da vida.

A seguir, ao ser abandonado aos 8 anos para estudar na Inglaterra, viu-se mergulhado num ambiente hostil povoado por solidão, pela crueldade do *bullying* e pela hipocrisia de um cristianismo repressor da sexualidade. Nesse período, os termos que mais o atormentaram foram *ghastly* (horrível, medonho, desagradável), *gloomy* (sombrio, deprimente) e *home sickness* (saudades do lar, nostalgia).

Com 18 anos, Bion deixou-se seduzir pelo canto de sereia da Primeira Guerra Mundial, mas, rapidamente, viveu uma cesura perturbadora: foi obrigado a desvestir o manto de ingenuidade que recobria um bando de escolares se fingindo de soldados para atolar-se na lama da guerra que expressava um desastre aberrante (Bion, 1982, p.113). A dramaticidade desse sofrimento fica patente, por exemplo, neste comentário aflito: "A solidão era intensa: ainda sinto a minha pele esticada sobre os ossos da minha face como se fosse a máscara de um cadáver... O medo de ter medo invadia a todos, tanto os oficiais como os soldados" (Bion, 1997, p. 204, tradução livre). Ou então, neste depoimento:

> *Me retirei para deitar no chão e dormir um pouco. A terra estava dura, mas eu estava exausto. Então, peguei no sono e tive um sonho terrível. Quando eu acordei, estava quase na hora de me encaminhar para a batalha: foi inquietante perceber o limiar da luta. O sonho era cinza e amorfo: eu me sentia siderado por horror e pavor. Não conseguia gritar, assim como hoje, muitos anos depois, não encontro palavras. Na época, eu não tinha palavras a serem encontradas: eu me despertara para os terrores relativamente benignos da guerra real. Porém, por um momento, desejei que aquilo fosse somente um sonho: no sonho, eu devo ter desejado que fosse somente uma guerra (Bion, 1985, p. 237, minha tradução).*

Egresso da guerra, como um herói aturdido e culpado por ter sobrevivido à maioria de seus companheiros, sua dor psíquica o direcionou sonambulicamente para o lado da psicanálise, entrevista, inicialmente, como mera tábua de salvação. Mas, entrementes, uma nova tragédia o emboscou: sua esposa Betty morreu durante o parto de sua filha Parthenope, sem que ele estivesse presente. Dilacerado, por mais culpa, e agora sendo obrigado a ser pai e mãe da filha, viu-se migrando "das dores da indigência para os prazeres da comilança". Sentindo-se "entorpecido e insensível", ele relata um episódio no qual o bebê engatinhara em sua direção em busca de colo, encontrando-o, porém, raivosamente paralisado e chocado com a crueldade que fervilhava em suas entranhas. A partir desse episódio, ele passou a recordar-se sempre das palavras de Shakespeare (*Hamlet*, ato 3, cena 1) "*Nymph, in thy orisons be all my sins remembered*" (Ninfa, que todos os meus pecados sejam atendidos em suas orações – Bion, 1985, p. 70, tradução livre).

Por fim, no final de sua vida, apesar de ter refeito a vida familiar ao casar-se com Francesca, precisou enfrentar a incompreensão de muitos setores em relação à sua obra, obrigando-o a "refugiar-se" em viagens científicas (como aquelas que o trouxeram até nós), ou então, em uma estadia redentora em Los Angeles.

3. Uma das reflexões íntimas de Bion foi: "Devi e continuarei devendo a persistência do meu existir à minha capacidade de temer um 'desastre iminente'" (Bion, 1991, p. 175).

Em *Uma memória do futuro*, encontramos um interessante diálogo entre o sacerdote e o psicanalista:

Sacerdote: Sonhei com uma explosão de proporções enormes, tremenda e grandiosa. Foi algo aterrorizante. Algo negro como a noite: não a noite como parte do sistema solar, mas a noite escura da alma...

Psicanalista: Talvez, como aquela descrita por São João da Cruz?

Sacerdote: Eu não sou São João da Cruz e nem Isaías: é mais um motivo para a sensação de estranheza quanto o tema de meu sonho.

Psicanalista: Estou familiarizado com relatos de experiências aterrorizadoras descritas de formas variadamente inadequadas: exatamente como você acaba de fazer. Nós dois temos noção do que seja uma experiência absolutamente apavorante [awe-ful, neologismo que arremeda o termo awful = terrível]. Muitas pessoas não têm essa consciência: elas temem um colapso [break-down], algum desastre indescritível, a loucura – elas podem se expressar desencadeando um desastre. Nós, psicanalistas, achamos que vocês não sabem o que um sonho é: ele, em si, é uma representação pictórica, expressa verbalmente, de algo que aconteceu. O que de fato aconteceu quando você "sonhou", nós não sabemos. Todos nós somos intolerantes com o desconhecido e tentamos instantaneamente sentir que é algo explicável ou familiar, como "explosão" é familiar para você ou para mim. O fato em si é suspeito porque se torna explicável em termos da física, da química, da psicanálise, ou qualquer outra experiência pré-concebida. A "concepção" é um evento que se tornou "concebível", e o "concebível" em que ele se transformou já não é a experiência genética. Pré-concepção, concepção, nascimento: que choque deve ter sido ficar sabendo que uma mulher teve um bebê! Quão absurdo foi supor que isto pudesse ter qualquer conexão com uma cópula! Eu já encontrei pessoas que acham ridículo que uma mulher pudesse gerar uma ideia ou ter um pensamento que merecesse ser levado em conta (Bion, 1991, p. 381, tradução nossa).

4. Um dos fatores impeditivos do aprendizado pela experiência é a instalação de um *super*-ego, ou seja, "uma asserção de superioridade moral sem a menor moralidade. Em resumo, um estado que é resultante da espoliação e do desnudamento invejoso de tudo que é bom" (Bion, 1962, p. 97). Essa "prótese defensiva" visa proteger o psiquismo do sofrimento que o acomete quando do desamparo inerente aos estados de insolvência que inundam o humano ao longo da vida.

Quando a desproporção entre a defesa e o ataque é ainda maior, surge um objeto violento, ganancioso e invejoso, impiedoso, assassino, predador e sem respeito pela verdade, pessoas ou coisas: trata-se de uma consciência completamente imoral (Bion, 1965, p. 102).

5. O fato de que o seio como fonte de amor gera também ciúmes e inveja acaba desencadeando um *splitting forçado* em busca da satisfação voraz, conferida por conforto material: o resultado é insaciedade, malgrado a busca implacável por saciedade. Esses mecanismos não livram o psiquismo de suas dores, já que o deixam mais dependente do conforto material, ou seja, de quantidade e não de qualidade (Bion, 1962, p. 11).

Bion, em vários contextos, associa o pensar com uma atividade que, em vez de trazer alívio, como postulado por Freud, pode estar envolvido numa espécie de armadilha metapsicológica. Assim, por exemplo, se a mente acredita na existência de uma mãe ou analista com uma ótima capacidade compreensiva, isso pode reforçar o temor e o ódio em relação a seus próprios pensamentos, na medida em que eles podem ser confundidos com o "não-seio": isso instala uma vivência dolorosa, inclusive depressiva, uma vez que a alternativa é sentida como pior, a saber, que o pensar e o pensamento seriam provas de que um seio quase perfeito foi destruído (Bion, 1965, p. 63).

No Capítulo 10 do *The Transformation*, descreve-se a reversão da função-α: se a personalidade não possui o aparelho para "pensar os pensamentos", então, essa reversão é usada para aliviá-la da "dor" de possuir pensamentos sem poder pensá-los. Essa "dor" é semelhante àquela descrita por Dante (Canto IV, 43) como vivida por Virgílio, que, malgrado seu anseio de alcançar a salvação, "arde em desejo sem poder saciá-lo" por se encontrar no Limbo.

No Capítulo 26 de *Learning from experience* (Bion, 1962), ao discutir o aparelho para pensar os pensamentos, Bion deixa entrever algo fundamental: que a dor psíquica, ao contrário da dor física, pode ser "transferida" a outra pessoa por meio da identificação projetiva.

6. Por outro lado, quando o psiquismo é possuidor daquilo que Keats denominou de "capacidade negativa", ele resiste a impor soluções falsas, prematuras ou onipotentes a um dado problema: suportando a dor do contato com o desconhecido, ele torna-se vulnerável à dupla acepção do conceito bioniano de mudança catastrófica. Na primeira acepção, o *self* sofre uma metamorfose por substituir estados de mente obsoletos por ideias novas, ou, como disse um personagem da *Memória do futuro*, a matriz do crescimento é "a habilidade para mudar" (Bion, 1991, p. 163). Na segunda acepção, o *self* vive a iminência de um desastre, ou, como

formulado por outro personagem (Bion, 1991, p. 539), de sofrer uma fragmentação (*break-up*), um colapso (*break-down*), uma implosão (*break-in*), uma irrupção (*break-out*), ou uma invasão (*break-through*).

Em ambos os casos, Bion (1991, p. 648) vislumbra o terror como "a origem primordial da mente", levando Meg Harris Williams (2010, p. 45) a propor que a elaboração possível seria "apreender o desastre indescritível com antecedência, tornando-o descritível[2] e lhe devolvendo o significado etimológico primitivo de algo 'pleno de admiração reverente' [*full of awe*] e não de algo 'horrível' [*awful*]".

7. Ao discutir as diferenças entre medicina e psicanálise, ou seja, entre uma disciplina dependente de realizações sensoriais e outra dependente de realizações não sensoriais, Bion assinala que há pessoas tão intolerantes à dor ou frustrações que elas sentem a dor, mas não a sofrem e, assim, é como se não a descobrissem. Mas, para ter-se ideia daquilo que não é sofrido, dependemos de nosso aprendizado com as pessoas que se permitem sofrer. Uma consequência danosa é que o paciente que não sofre dor também não sofre "prazer", ficando, assim, privado do encorajamento que poderia obter de um alívio acidental ou intrínseco. Em uma situação na qual um outro paciente tomaria uma palavra como designando uma conjunção constante, esse paciente a experimenta como uma coisa ausente, e a coisa que não está presente, como a coisa que *está*, é indistinguível de uma alucinação. Para não aumentar

---

2 Um belo exemplo desse processo encontramos em Junqueira de Mattos (2009, pp. 152-154), em que uma configuração de *consciência moral primitiva* começa a ser elaborada por meio de três sonhos com uma expressividade estética organizadora.

a confusão que o termo "alucinação" possa causar, Bion passou a chamar esses objetos de elementos-β (1970, p. 9).

A esse respeito, Paul Federn escreveu um artigo (1952, pp. 261-273) denominado "A resposta do ego à dor", que elucida metapsicologicamente essa importante afirmação de Bion. Diz ele:

Há uma pequena distinção, porém, muito importante, entre "sofrer uma dor" e meramente "sentir uma dor". O sofrimento vem a ser a experiência direta, incluída nas fronteiras do ego, da dor mental causada pelo evento ou objeto doloroso, ou então, respectivamente, pela memória e pela representação objetal. Por meio de tal sofrimento o ego concebe a intensidade plena do evento. Na próxima vez que a ideia retorna, a dor já não é sentida na mesma intensidade. Esse é o passo mais elementar na mágoa e no luto normais. A aceitação da dor é o tributo que pagamos à normalidade.

8. Num outro contexto, Bion aproveitou-se de uma querela de vivida entre Newton e o filósofo Berkeley, que o criticou quanto ao uso de argumentos circulares em sua exposição do cálculo diferencial. A crítica centrou-se na expressão "incrementos evanescentes" que Newton utilizou sem justificação, levando Berkeley a ironizá-la como se correspondessem a "fantasmas de quantidades mortas". O que Bion propõe é que ambas formulações, a de Newton e a de Berkeley, foram utilizadas como elementos coluna 2 da grade, ou seja, com a intenção de evitarem "turbulência emocional".

Por "turbulência emocional", Bion refere-se a um estado de mente doloroso que surge quando abraçamos a ingenuidade que se faz necessária para nomearmos uma conjunção constante, ocasião em que precisamos admitir sua dimensão negativa,[3] mas, também, somos acossados pelo medo da ignorância. Daí a precipitação na nomeação que acaba gerando um elemento coluna 2, produzido para negar a ignorância: aquilo que São João da Cruz chamou de "noite escura dos sentidos".

> *Na Ascensão do Monte Carmelo, o místico cristão descreve um estado no qual a alma mergulha numa "noite" quando se aproxima do "O", a Realidade Última, a Causa Primeira, ou seja, Deus: nesse caso, a "noite escura" que invade a alma é o medo da megalomania que acaba inibindo a aceitação da própria maturidade e responsabilidade (Bion, 1965, pp. 147-148).*

9. As emoções, na prática da psicanálise, são importantes pelo fato de serem frequentemente "negadas" sem uma realização adequada de que, nas psicoses, a negação comporta uma contraparte física. Aquilo que eu tenho chamado de medo subtalâmico, ou medo "aterrorizante", está relacionado a um terror primordial e provavelmente pré-natal. Sua origem parece estar situada no tálamo em desenvolvimento e em suas "conexões nervosas não-mielinizadas". Isso, naturalmente, é uma "conjectura imaginativa" que talvez leve anos para ser cientificamente confirmada.

Essas ideias de Bion (1991, p. 648) foram esquadrinhadas entre nós por Junqueira de Mattos e Braga (2009), aproveitando o rico acervo de suas supervisões. Numa delas (Supervisão A6), ele se refere a um analisando que tem seu crescimento mental obstaculizado por possuir uma consciência moral assassina a qual odeia

---

3 Ao nomear uma dada realidade, cujos elementos estão constantemente conjugados, estamos implicitamente negando as demais realidades. Por exemplo, uma cadeira *não é* um lápis, um carro etc.

todo e qualquer intercurso prazeroso que constitui a base de toda atividade criativa pré-natal. Segundo esta sua conjectura, na nossa vida mental pré-natal existiria uma atividade moral de base somática que urge para existir e que, após o nascimento, se desenvolve numa atividade proto-simbólica e simbólica, aptas a atribuírem algum significado à vivência de uma inundação terrorífica.

Na clínica, portanto, quando ainda não há "tecido mental para suportar significados", não nos resta outra alternativa a não ser monitorar os efeitos desse núcleo inacessível de experiências de "nadificação", que só se prestam a serem expulsos do psiquismo mediante uma espécie de curto-circuito, algo que prenunciaria a identificação projetiva.

Referências

Bion, W. R. (1962). *Learning from experience*. London: Heinemann.

Bion, W. R. (1963). *Elements of psychoanalysis*. London: Heinemann.

Bion, W. R. (1965). *Transformations*. London: Heinemann.

Bion, W. R. (1970). *Attention and interpretation*. London: Tavistock Publications.

Bion, W. R. (1982). *The long week-end*. Abingdon: Fleetwood Press.

Bion, W. R. (1985). *All my sins remembered*. Abingdon: Fleetwood Press.

Bion, W. R. (1991). *A memoir of the future*. London: Karnac Books.

Bion, W. R. (1997). *War memoir*. London: Karnac Books.

Federn, P. (1952). *Ego Psychology and the Psychoses*. New York: Basic Books.

Harris Williams, M. (2010). *The Aesthetic Development*. London: Karnac Books.

Junqueira de Mattos, J. A., & Braga J. C. (2009). Consciência moral primitiva: um vislumbre da mente primordial. *Revista Brasileira de Psicanálise, 43*(3), 141-158.

5. Opinião e conveniência do analista?

Paulo Cesar Sandler

> *Preciso enfatizar um fato que ocorre nesta fase da análise: o paciente aparenta não ter nenhum outro problema, que não a própria existência de seu analista (Bion, 1957, p. 88).*[1]

A oportunidade de conversar com várias dezenas de colegas demanda uma manifestação de minha parte: profunda gratidão a todos eles, incluindo os organizadores do evento denominado X Jornada Psicanálise: Bion. Propus dois textos interligados.[2] Um deles comprovou a possibilidade de um trabalho em grupo: sob forma de jogo – *play*, no sentido explicitado por Klein e Winnicott

---
1 Nas citações de *Uma memória do futuro*, o acrônimo "P.A." e os nomes "Paul" e "Alice" correspondem a, respectivamente, um psicanalista, um sacerdote e à esposa de um fazendeiro: descrições aproximativas de objetos parciais de Bion (Sandler, 2015c).
2 "Superioridade no ato de des-entender? Mal-entendidos por clivagem, em certas leituras dos textos de W. R. Bion", para instrumentar o trabalho em grupo: teve resultados desconhecidos até o momento da reunião, que poderão ser publicados em outra oportunidade.

(1958); o outro, escolhido pelo Dr. Cecil J. Rezze, e depois por mim, sem que tivéssemos contato prévio, segue adiante.

Método científico, verdade, realidade

Nós, psicanalistas, tratamos de algo que não sabemos bem o que é, mas, mesmo sem saber, podemos denominar natureza humana e seus sofrimentos: algo vivo, dinâmico, que demanda um "cuidar" (Winnicott, 1957). Tenho tentado investigar, assinalar e explicitar a existência de analogias, modelos, concepções e conceitos, alguns deles alcançando o estágio de teorias, para uso em investigações científicas. Defrontei-me com informações e concepções contraditórias, resultando em consequências diversas – basicamente, construtivas e destrutivas – no que tange ao lidar com e cuidar de fatos reais – incluindo a comunicação entre psicanalistas e também de pacientes com psicanalistas. Havia enfrentado problema similar em experiência jornalística durante época de extrema politização e autoritarismo, por imposições de uma ditadura militar. Quais seriam os fatores intervenientes para a geração de informações contraditórias que produzem noções, analogias, modelos, teorias disparatadas, incoerentes entre si, potencializando logaritmicamente as contradições? Encontrei um fator que tento comunicar com a ajuda a um literato que levou uma vida contraditória, mesclando construção com destruição do que ele mesmo construiu. Colocou na boca de uma personagem descrita a princípio como inanimada que depois se animou, Emília: "Verdade é uma mentira muito bem contada, daquelas que ninguém desconfia". Monteiro Lobato, o "furacão na Botocúndia" (Camargos et al., 1997), parece-me ter pago alto preço por ter respeitado verdade e alto preço por não a ter. Suponho que o nutriente maior das contradições se vinculou, visceralmente, a questões na apreensão de "verdade". Não estou escrevendo "a verdade", de modo absoluto, como se fosse algo concreto que admitiria "donos" e manipulações. Escrevo "verdade", sem a preposição "a", ocorrendo de modo vivo e livre, sem proprietários, nem possibilidade real e duradoura de manipulação. Intuível, apreensível, em termos aproximativos e transitórios, habitando algum "pensamento sem pensador" (Bion, 1963, 1967), segundo um matemático: "Verdade é apenas um lampejo durante uma longa noite. Mas esse lampejo é tudo".[3] Embora "verdade" tenha sido vista como problema assolando a humanidade desde o início dos tempos, tive a surpresa em saber que também assola o movimento psicanalítico (Freud, 1914b), de modo tanto crônico como agudo – fato apontado por Bion:

> *P.A.: Há um perigo na crença de que a psicanálise é uma nova abordagem a um recém-descoberto perigo. Se os psicanalistas tivessem uma visão abrangente da história do espírito humano, eles poderiam avaliar a real extensão desta história de assassinato, fracasso, inveja, engano (Bion, 1979a, p. 194).*

Minha tentativa tem uma história que remonta a pelo menos 2.500 anos em nossa civilização. Etnias indo-europeias, hebraicas e gregas deixaram registros escritos sobre o desenvolvimento – rapidíssimo, na época de Sócrates, Tales e Platão – de tentativas de aproximações à verdade humana e seus sofrimentos; à realidade dos fatos, como eles são, feitas por meio de pelo menos três instrumentos de trabalho: (i) observação; (ii) formulações científicas,

---

3 Epígrafe de *Cogitações*. A frase citada é do matemático Jules-Henri Poincaré, mas a formulação citada por Bion – "O pensar é apenas um lampejo entre duas longas noites, mas esse lampejo é tudo" difere daquela que pode ser encontrada no Capítulo 11 de *Ciência e método*, de Poincaré: "O Pensar é apenas um lampejo no meio de uma longa noite. Mas este lampejo é tudo".

por meio de teorias[4] e linguagens não verbais (matemáticas, químicas etc.); (iii) formulações verbais ou não verbais que buscavam ter correspondentes, ou espelhar realidade, por meio de mitos sob forma narrativa e outras formulações não verbais – pictóricas, musicais, odoríficas – ditas artísticas. Os mesmos registros demonstram subdesenvolvimento, por retrocessos insidiosos e lentos no que havia sido desenvolvimento de ciência e de arte, resultando em prevalência de crenças. Passaram a impedi-las, na transição do Império Romano em decadência que tentava se continuar no ramo apostólico romano do cristianismo. Formulações verbais observacionais substituíram-se novamente por formulações verbais dogmáticas, *a priori* e *ad hoc*, nutridas por crença. Bion manteve "irascível impaciência" frente a autoritarismos (Hinshelwood, 2000, p. 8), visão compartilhada por Francesca Bion:

> *ALICE: Com certeza seria possível discutir de modo razoável.*
>
> *BION: Também é possível – temos razões para saber – que se lance mão das armas. Aquele encontro desastroso que estive imaginando entre uma mente fetal potencialmente bem dotada e seu "eu", dela divorciado e igualmente bem dotado, também ocorre quando dois ou mais grupos de indivíduos se encontram. A história das relações entre Franceses e Ingleses, Alemães e Ingleses, e agora Brancos e Negros parece mais destinado a terminar na aniquilação mútua do que na estimulação beneficente mútua.*
>
> *ROLAND: Em que base se dá o desacordo – Cor? Sexo? Prosperidade?*

---

4 Etimologicamente, teoria significa espelho.

ROBIN: Pai e filho? Guardião e guardado? Explorador e explorado? Mãe e filha?

P.A.: As possibilidades são infinitas. Assim que o problema irrompe não há fim para explicações racionais, ainda que eu não gostaria de dizer como uma "explicação" racional é distinguível de uma racionalização (Bion, 1979a, p. 171).[5]

A mera enunciação do termo "verdade" tornou-se maldita; até mesmo proibida – por vezes, como se fosse propriedade única de alguém, ou de um grupo. De malfalados a amaldiçoados, o passo foi curto: alguns pagaram o preço com sua própria vida, como Sócrates e Giordano Bruno; outros tiveram dificuldades para sobrevivência, tanto artistas quanto cientistas, como exemplificam Galileu, São João da Cruz, Rimbaud, Oscar Wilde. Em psicanálise, incompreensão e difamação parecem ter sido destino de nascença, como se pode ver na trajetória social de Freud, Klein, Winnicott e Bion.

Verdade, psicanálise: materializações e imaterializações

Proponho considerar "verdade" sob o vértice da clínica psicanalítica (Bion, 1960, p. 142). No entanto, "verdade" inclui fatos materializados constantemente conjugados com fatos imaterializáveis; um paradoxo que demanda tolerância.[6] Proponho uma analogia

---

5 Racionalização: um dentre os dois principais modos do funcionar psicótico, descrito por Freud (1911).
6 tanto na disciplina psicanalítica como em outras notáveis por sua prática – matemática, física, química, culinária, e todas as artes.

que peca por deselegância estilística: psicanalistas e muitos outros práticos são ativistas que precisam lidar com encarnações continuamente desencarnadas, misturadas com desencarnações continuamente encarnadas. Em um ciclo continuo, "eterno enquanto dura, posto que é chama": como a vida, que Vinicius de Moraes pensou, talvez de modo clivado, ser apenas "amor". Bion examinou a questão de muitos modos. Por exemplo, elaborando uma categoria no instrumento "Grid" – a coluna 2. Em termos coloquiais: não pode descansar quem não fica cansado; não pode acordar quem não dorme; não pode ingerir alimento quem não fica faminto; não pode amar quem não odeia – e vice-versa, nos quatro casos.

Formulações científicas

Estou convencido da força da posição científica na prática psicanalítica. Acredito que a prática dos psicanalistas em fazer psicanálise é uma experiência essencial de treinamento para lidar com as dificuldades fundamentais – até o momento – pois ela disponibiliza o consciente e o inconsciente para correlação; mas não considero que seja menos intensa a necessidade de investigar a fragilidade que se origina de uma construção teórica falha, falta de notação e falência do cuidado metodológico, e ainda falência na manutenção do equipamento psicanalítico. ("Cuidado", "manutenção", "equipamento", – novamente o modelo implícito.) (Bion, 1962, p. 88).

Parece-me haver pelo menos dois modos de aproximar-se transitoriamente de "verdade": científicos e artísticos.[7] Por meio de formulações verbais e não verbais, Freud tentou estudar a natureza humana e parte de seus sofrimentos, denominando-a, de modo generalizador, de "realidade material e psíquica" (Freud, 1900); Bion a denominou de "realidade sensorial e psíquica" (Bion, 1970, p. 41). Especificou-a por meio de vários conceitos e teorias – como "transferência", "complexo de Édipo", "instintos de vida, morte, epistemofílico, grupal". Fenômenos do aparato neural são indivisíveis daqueles do aparato psíquico; um dinamismo funcional, nunca estático, caracteriza o todo da contribuição de Freud, antes mesmo da descoberta da psicanálise (Freud, 1891). Bion, integrando as teorias de Freud e Klein, descreveu nossa tendência de tornar algo dinâmico em algo estático (Freud, 1920, Klein, 1946, 1957), no conceito de perspectiva reversível, ou reversa (Bion, 1963, pp. 54, 55 e 61). Aquilo que tende a tornar-se estático – o zero absoluto, na escala de temperatura Kelvin – fica indistinguível do inanimado; pode ser designado como "morte".

O tempora, o mores: leituras, psicanálise, ciência

Tornou-se lugar-comum banalizado, "politicamente correto" para parte da *intelligentsia*, a moda propagada pelos autointitulados "pós-modernistas" (Lyotard, 1979; Sokal & Brickmont, 1997; Rorty, 1982), advogados impositivos de "leituras individuais", logo abreviadas por "leituras". Esse movimento social, agindo no âmbito psicanalítico, tenta impor sua visão da disciplina de psicanálise: não

---

[7] Inspirado em *Uma memória do futuro*, que me serviu como um guia de estudo, tentei detalhar os dois modos, em estudos transdiciplinares publicados sob forma de artigos em periódicos e livros, no Brasil e no exterior – cujas resenhas foram feitas pelo Dr. João Carlos Braga.

passaria de mais uma forma de literatura.[8] Nesta imposição, tenta-se impedir alguma consideração ao alerta de um autor admirado por Bion: John Ruskin, que tentou recordar-nos sobre a necessidade de nunca substituir os significados originais do autor pelos significados do leitor. "Leituras": solo fértil para distorções e "des--entendimentos", ou "mal-entendimentos": um conceito de Bion pertencente ao âmbito "menos", ou negativo, descrito inicialmente por Freud (1925). Fruto de observação clínica em psicanálise, designou personalidades que acreditam na superioridade do desentender sobre o entender (Bion, 1962, pp. 52, 95), formando um vínculo que advoga o "menos conhecer" Na notação quase matemática de que Bion utilizou-se nesta época: – K (Bion, 1962, p. 96):

> Isto parece introduzir uma doutrina perigosa, que abre espaço para o analista que teoriza desvinculado dos fatos da prática. No entanto, a teoria das transformações não é aplicável a nenhuma situação onde um elemento indispensável não seja a observação. Usa-se a teoria das transformações para se fazer a observação e registrá-la de um modo apropriado para se trabalhar com ela, mas desfavorável a fabricações instáveis e indisciplinadas... Aqui está uma vantagem do psicanalista sobre o filósofo: seus enunciados podem ser relacionados a "realizações"; e as "realizações", a uma teoria psicanalítica. O que o pensamento psicanalítico requer é um método de notação e regras para seu emprego. Elas nos habilitarão a fazer o trabalho na ausência do objeto, para facilitar a continuidade

---

8 Freud desaprovou enfaticamente a tentativa, feita inicialmente por André Breton; revivida nos anos 1970, tomou considerável impulso nos anos 2000 (Ricoeur, 1977).

do trabalho na presença do objeto. A barreira a este trabalho apresentada pela atividade desbridada das fantasias do analista foi reconhecida há tempos: enunciados pedantes por um lado, e verbalização carregada de implicações não-observadas por outro significam que o potencial para mal-entendidos e deduções falsas é tão elevado que chega a ponto de pôr a perder o valor de um trabalho executado com instrumentos tão defeituosos (Bion, 1965, p. 56 e 60).

Com respeito aos problemas de entendimento, disse que o psicanalista pode contribuir com algo que o filósofo da ciência desconhece, pois o psicanalista tem experiência da dinâmica do mal-entender, ou des-entender; o psicanalista considera de modo prático um problema que o filósofo aborda de modo teórico. Investigações do entendimento e des-entendimento (ou mal-entendimento) afetam problemas associados à verdade e não-verdade (Bion, 1970, p. 107).

Caberia a questão: desentender, ou entender o quê? Bion forneceu iluminação para o uso de um instrumento de trabalho quando há a finalidade, consciente ou não, de des-entender: o estado mental de alucinose (Bion, 1965, pp. 151-156): presença de alucinações e delírios em personalidade, de resto, conservada. À medida que o des-entender infiltra-se na leitura de um determinado texto que em determinada época e lugar havia sido modelo, concepção ou teoria, ocorre uma transformação degenerativa (Bion, 1965, pp. 49, 68). Turbinada pela tendência individual ou grupal de criação e adoração de ídolos, evita-se busca de uma apreensão minimamente real daquilo que é verdade – "busca de verdade-O" (Bion, 1970, p. 29).⁹ Grupos assim formados têm pelo menos uma função, descrita por uma fábula cujo início é:

> Os mentirosos demonstraram coragem e resolução em sua oposição aos cientistas. Parecia provável que os cientistas, com suas doutrinas perniciosas, extirpariam das vítimas do engano até o último fiapo de auto-engano, deixando-as sem nenhuma proteção natural necessária para a preservação de sua saúde mental contra o impacto da verdade (Bion, 1970, p. 110).¹⁰

Duas fontes de des-entendimento

(i)

"Realismo ingênuo", observado inicialmente por Kant (1781): pessoas, movidas por aquilo que Freud, Bleuler, Fairbairn e Klein denominaram "esquizoidia", produzem ideias marcadas por sensorialização e concretude excessivas. No que tange à verdade, ideias de que o universo é apreendido totalmente apenas pelo uso de nosso aparato sensorial. O fenômeno, descrito por Bion como "clivagem forçada" (Bion, 1962, p. 10), ocorre às custas da diminuição e até mesmo extinção da apreensão de fatos imaterializados. É um dos fatores na consagração de ídolos grupais.

---

9 "O": notação quase matemática para verdade absoluta, ou "origem" de estímulos – "externos" ou "internos" que afetam a todos nós, seres humanos; todos esses termos foram utilizados por Bion, inicialmente em *Transformações* (resumo exaustivo do conceito "O" pode ser encontrado em *The language of Bion*, P. C. Sandler, 2005, pp. 527-533).

10 Talvez seja útil que o leitor, caso não conheça esta fábula, leia o texto total. Não posso reproduzi-la, por questões de espaço reservado a este artigo.

(ii)

Inspirado na obra de Kant, Freud e Bion, tenho sugerido denominar "idealismo ingênuo" a outra fonte de des-entendimento: a ideia de que a apreensão da realidade seja apenas aquilo que nossa "mente" produz. Prevalecem fugas fantásticas e imaginosas, plenas de imaterializações: produto de nossas sensações, desejos e prazeres – indistinguível daquilo que o treinamento psiquiátrico permite observar como delírios paranoides. Nega-se o senso comum (Locke, 1690; Bion, 1959a; Reik, 1948). Parece-me o gerador principal de "leituras individuais": haveria tantos textos quanto leitores; e isto seria o máximo atingível. Para estes leitores, o princípio da incerteza formulado por Heisenberg (1958) fica transformado – degradado em um "princípio de ignorância" – de modo absoluto. "Se eu não sei, ninguém sabe." A defesa, aparentemente libertária, de "leituras individuais" incorpora autoritarismo, de modo por vezes quase invisível, em que a verdade absoluta se constitui como defesa intransigente de que só existiria este tipo de leitura. Este tipo de funcionamento equivale ao que psiquiatras e psicanalistas denominam paranoia; é fator principal na ereção de ídolos.

A divisão acima, meramente didática, não reflete o fato de que essas duas fontes de des-entendimento aparecem em conjunção constante. Analogicamente, provoca no âmbito do conhecimento um tipo de fissão nuclear destrutiva. Após quarenta anos de exame detido de escritos em periódicos tidos como representativos, e de livros sobre psicanálise, suponho que leituras distorcidas da obra de S. Freud, M. Klein, D. W. Winnicott e W. R. Bion têm sido regra. Provavelmente, fator maior no aparecimento de "dissidências" e falsas controvérsias (Bion, c. 1959, p. 180-191, 1967a, p. 144, 1967b, p. 292, 1969, p. 312). Freud as assinalou muitas vezes, em livros e cartas pessoais. Por exemplo, enfatizou quão pouco suas obras estavam sendo lidas, a despeito de sucesso em vendas. E que havia leituras sob o vértice de pornografia (Freud, 1905, p. 7). Setenta anos de involução ou decadência por leituras distorcidas motivaram um alerta de Bion: a sexualidade infantil, observada por Freud como alicerce para a prática de psicanalise, está sendo "enterrada" e "negada" (Bion, 1975a, p. 9). Vinte anos depois, André Green (1995) notou o mesmo fato; de modo característico, questionou: sexualidade ainda teria algo a ver com psicanálise? Até o ponto a que chegou minha investigação, Bion foi o único autor que forneceu um método de exame de leituras distorcidas:

> é necessário haver algo, na descrição verbal da análise, que seja invariante. Algumas condições prévias são necessárias para que as invariantes na descrição escrita e impressa possam ser eficazes: o leigo pode ser alfabetizado; a descrição correspondente seria, "invariante em alfabetização".
>
> Nem todos os leigos compreenderiam a mesma coisa a partir da descrição impressa. Portanto, "invariante em alfabetização" não se constitui em uma definição adequada. É necessário considerarmos brevemente alguns dos problemas envolvidos quando se define um campo. Os comentários escritos por Freud à guisa de Prefácio ao estudo citado nos apresentam alguns destes problemas: ele assinala que seu texto pode ser lido como um roman à clef – planejado para um deleite privado. O entendimento de tal leitor vai depender de invariantes na categoria lascívia; mas não é isto que Freud pretende comunicar a seu leitor. Em sua referência aos Estudos sobre Histeria e desenvolvimentos subsequentes da técnica psicanalítica, Freud indica que invariantes em

literatura pornográfica não são invariantes em psicanálise (Bion, 1965, pp. 17-18).

Os estudos de Bion tornaram possível formular uma hipótese a respeito do "estado de mente" individual, contagiando membros de alguns grupos, na prevalência de modismos inter-relacionados:[11] a versão impositiva sobre opinião e conveniência do analista, instalado sobre um estado individual e grupal estuporoso de alucinose, implicando "ausência de mente", formando uma "linguagem de substituição" imitativa (*mindlessness*, Bion, 1970, p. 126; Philips, 1989). Resulta em complicações: ressalto a utilização indébita de termos cunhados originalmente para outras finalidades, caracterizando a tendência esquizoide de negação e clivagem daquilo que é real. Ao ficarmos desprovidos de base empírica, extraída da clínica psicanalítica, expressando agora a tendência paranoide, nossa única saída tem sido o brotar desenfreado de "fugas fantásticas de imaginação" (Bacon, 1620), cuja argamassa é feita de racionalizações[12] "psico-logicamente necessárias" (Freud, 1911; Bion, 1965, p. 87). O resultado final – pseudoteorias – devem-se à "manipulação, mais ou menos engenhosa, de símbolos" (Bion, 1976, p. 92). Ausência de mente em pequenos grupos foi descrita por Bion (1961); em grandes grupos, descrita por Gustav Le Bon e W. Trotter, inspiradores por Freud (1921) e também Toynbee (1972). Postura psíquica imobilizante, resultando em imposturas: pseudoteorias miméticas supersimplificam o que pode ter sido uma teoria real. Em psiquiatria, descrito como estupor catatônico, alternando-se por

---

11 Na língua inglesa, popularizada em nosso meio, *fashion*.
12 Racionalização: um dentre três fatores primordiais no estabelecimento de estados psicóticos. Os outros foram denominados por Freud de negação e clivagem do ego, depois expandida para clivagem do pensar (Freud, 1911, 1925, 1938b; Klein, 1046, Bion, 1962). O estudo desses estado foi muito desenvolvido por Klein, Fairbairn, Rosenfeld e Bion.

furor maníaco de colorido paranoide, parece-me ser expresso tanto por "dissidências", como as de Adler e Jung, como por "apoios" idolátricos. Idolatria e iconoclastia: duas faces da mesma moeda inútil: "leituras".

Opinião e conveniência... de quem?

Tentarei comparar dois dados empíricos: (i) textos escritos por Bion; (ii) enunciados, comportamentos[13] e textos escritos por membros do movimento psicanalítico (Freud, 1914a) que se declaram seguidores ou estudiosos dos textos escritos por Bion; além de frequência a seminários, palestras e conferências ministradas por esses mesmos membros. Tenho observado (e toda observação em psicanálise implica sofrimento) um modo de conduta no movimento psicanalítico que determina impossibilidade de citar nominalmente textos ou autores. Nós, integrantes do movimento psicanalítico, ainda vivemos imersos numa "tateante infância" (Bion, 1975a, p. 140), na qual susceptibilidades emocionais podem ser feridas quando se fazem citações nominais em um exercício de análise crítica – denominada por Kant de "criticismo", impedindo de modo absoluto um uso construtivo delas.

Exemplo 1: Pouco antes da eleição para administração de uma sociedade de analistas, um dos membros, interessado em galgar postos na meritocracia política, tentara impor uma leitura clivada, e substitutiva, de um texto no qual Bion propõe uma expansão da teoria de Freud:

> *Para personalidades que parecem incapacitadas de sonhar, para o psicótico borderline e para as partes*

---

13 Existem gravações magnetofônicas dos eventos citados.

psicóticas da personalidade, a teoria da consciência como órgão sensorial para captação da qualidade psíquica é insatisfatória... é fraca, mas não é falsa, pois quando a expandimos, ao dizer que o consciente e o inconsciente são produzidos constantemente e juntamente funcionam como se fossem binoculares, ambos ficam capacitados para correlação e autoconsideração (Bion, 1962, p. 54).

Essa pessoa provocou dissenção no macrogrupo institucional ao enfatizar de modo exclusivo a palavra "fraca", às expensas de extinguir – na sua ideia e propaganda – por clivagem e negação os termos "para personalidades... psicóticas", "expandimos", "não é falsa". Afirmou que "Bion fazia uma psicanálise melhor, que havia substituído a psicanálise de Freud.

Exemplo 2: Desprezo ou ignorância de definições de termos básicos em psiquiatria e psicologia ilustram questões advindas de "leituras" nas quais impera o pouco saber – algo perigoso, segundo um dos autores iluministas citados por Bion (Pope, 1711).[14] Popularizou-se em uma sociedade a ideia de que "alucinose para Bion não é a alucinose dos psiquiatras". Elaborada por desprezo ao contexto de um capítulo de *Transformações*,[15] ditada autoritariamente por pessoa de prestígio na meritocracia política em uma sociedade de analistas, passou a ser repetida como se fosse um postulado. No entanto, exame isento de preconceitos dos escritos de Bion

---

14 Uma história do conceito de alucinose pode ser vista em outros estudos (Bleuler, 1916-1960; Campbell, 1983; Sandler, 2005, 2015a, 2015b, 2015c, 2017). De modo breve: ilusão é uma percepção distorcida de um objeto real; alucinação é uma percepção sem objeto; delírio é um composto complexo, racionalizado, de alucinações, ilusões e estados de alucinose, por vezes compartilhada.

15 Não posso reproduzi-lo por questões de espaço; o autor pode fornecer a bibliografia.

demonstra que a definição de alucinose, nesses textos, corresponde à definição utilizada por Kraepelin, Bonhöffer, Freud e Bleuler.

Exemplo 3:[16] Um sentimento prevalente de antagonismo, gerando confusão, em um grupo de seminário teórico de 25 participantes, em uma sociedade de analistas. A maioria dos integrantes interessava-se pela obra de Bion ao longo de uma década; uma minoria, por três décadas. O seminário, conduzido por dois colegas entronizados[17] institucionalmente como autoridades nesta obra: um papel que exacerbou duas tendências conflitantes: obediência imitativa ou turbulências, demonstrando prevalência de dois pressupostos básicos em grupos (Bion, 1961): líder messiânico e ataque-fuga. Clima emocional, complicado por rivalidade quase invisível entre as duas "autoridades", que pretendiam assumir liderança imposta "de cima para baixo". Propus em outro estudo (Sandler, 2017) um modelo para grupos nos quais o centro de decisão, exercido por elite minoritária, ocupa, analogicamente, o topo de uma pirâmide. O grupo funciona por autoritarismo (Sanford et al., 1950; Toynbee, 1972; Sandler, 2015a). O grupo, até então, tivera como expositores pessoas escolhidas pelas duas autoridades. Havendo esvaziamento de frequência, os dois líderes concordaram que todos os membros teriam como tarefa a leitura do primeiro capítulo de *Transformações*: uma parte dos integrantes sugeriu que o expositor, ou os expositores, emergiriam espontaneamente na hora da reunião: uma tentativa de fazer um grupo de trabalho. No entanto, o líder aparente do grupo, em combinação com o líder não aparente, escolheu um expositor, por amizade pessoal. A reunião se inicia: o expositor escolhido "de cima para baixo" não aparece. Quinze minutos de espera silenciosa, que logo se tornou constrangedora para todos os presentes; outro membro do grupo se

---

16 O fato foi descrito de modo mais resumido, anteriormente (Sandler, 2005, p. 8).
17 Em um movimento autoalimentante, de autoentronização e heteroentronização (pelo grupo).

ofereceu para fazer um resumo do capítulo. Negava, sem ter consciência disso, a estrutura do grupo: grupos piramidais dificilmente aceitam manifestações espontâneas provenientes das bases do grupo. Misturando persistência com insistência, já que ninguém mais se disponibilizava a fazê-lo, esse integrante iniciou a exposição. Citou, de memória o primeiro parágrafo: um pintor depara-se com um campo de papoulas, pintando um quadro. A pintura seria, na suposição de Bion, uma transformação daquilo que o pintor viu. No momento em que o integrante enuncia que algo permanecia inalterado, tanto no campo de papoulas real como na pintura, permitindo o reconhecimento, e que este algo foi chamado de invariância, uma minoria no grupo manifestou acerba discordância. O expositor voluntário reafirmou inequivocamente que o conceito de invariância estava embutido na teoria de transformações. A incredulidade da minoria fez elevar o tom argumentativo, agora acusatório: o expositor substituto "estava falando absurdos... uma coisa vinda da cabeça dele mesmo... o texto só falava de Transformações.... não havia nada disso no texto de Bion". Um integrante recorreu a um bordão: "Tudo que acontece em uma sessão de análise, é transformação". Havia sido enunciado pomposamente por uma pessoa considerada pela meritocracia política institucional como a "maior autoridade em Bion": bordão logo transformado em mantra, após o falecimento dessa pessoa, poucos anos antes do evento. A introdução das contribuições de Bion nesse local dera-se em torno de um grupo de pressuposto básico messiânico, construído com finalidades de dominação política. A invariante, "dominação", repetia-se nessa reunião específica, tornando discussão científica em discórdia hostil. O expositor, inábil politicamente, propôs que todos lessem a primeira página de *Transformações*. Circulavam quatro versões no grupo: uma, em inglês, usada pelo expositor voluntário; uma versão em espanhol; duas versões em português, por tradutores diferentes.[18] Alguns membros do grupo passaram a revirar as páginas do livro, enquanto a mesma minoria expressava nova discórdia: agora, da proposta. Os dois líderes messiânicos do grupo, até então em oposição velada entre si, uniram-se à minoria discordante, que logo tornou-se maioria. A turbulência transformou-se em riso aflito: o expositor "de direito", ou "oficial",[19] até então faltoso, adentrou ao recinto. O expositor voluntário, "de fato", reagiu à crescente pressão hostil de modo que não pode ser classificado como sereno, mas perplexo, enfatizando que o primeiro parágrafo do capítulo primeiro de *Transformações* já descrevia o conceito de invariância. Perplexidade não escondia um repto: agora boa parte dos participantes acabou concordando em ler o texto. Alguns, munidos de curiosidade científica; a minoria já descrita, com murmúrios de protesto e olhares de soslaio, gozando apressadamente de um triunfo ainda imaginário. O resultado: mais uma confirmação inadvertida da fábula "A roupa nova do imperador". A afirmação do expositor voluntário condizia *ipsis litteris* com o texto. Novo silêncio, seguido de turbulência verbal. Outros passaram a dizer que a questão não tinha nenhuma importância; outros permaneceram incrédulos: "no meu livro isso deve estar faltando", mas nenhum desses havia trazido seu livro.

Ao longo de trinta anos, tenho observado que esse tipo de leitura de *Transformações* tem se mostrado popular:[20] favorecem-se

---

18 Uma delas, por Frank Julian Philips, Luiz Carlos Uchoa Junqueira Filho e Maria Regina Junqueira; a outra, por Paulo Dias Correa. Esse fato ocorreu em 2002; minha versão do mesmo livro, feita a pedido do editor, Jayme Salomão, foi publicada em 2004.
19 "De direito", sob o vértice desse grupo: nunca declarado verbalmente, mas atuado, na estrutura jurídico-autoritária desse grupo.
20 À medida que a obra de Bion tem se popularizado na Europa, tenho observado o mesmo fenômeno; nesse caso, a máxima de Stefan Zweig, *Brasil, o país do futuro*, encontra aplicação insuspeita. Isso motivou um trabalho, apresentado oficialmente no Evento Bion Milão 2016; o aspecto encontra-se no comentário

transformações, às expensas de se procurar invariâncias. Confunde-se o texto de Bion com o dito, sabidamente falso, de Lavoisier: uma abordagem que atrai leitores predispostos a visões simplistas, apressadas, subservientes ao "já conhecido", odiando o desconhecido. Sem o tom hostil anteriormente descrito, observei, nesses últimos trinta anos, o mesmo padrão básico dessa experiência, em grupos compostos por alunos de pós-graduação em uma universidade pública e por candidatos à formação psicanalítica. Quase todos os integrantes beneficiaram-se da observação e do reconhecimento de formas prevalentes de desatenção, implicando leitura equivocada, por negações, cesuras, clivagens, provocando transformações danosas. A percepção da falsidade foi útil a esses alunos e candidatos, no sentido de poderem ler o original de modo minimamente respeitoso, isento de preconceitos. Nos termos de Freud: fizeram o "teste de realidade"; nos termos de Bion, no instrumento epistemológico "A Grade", desenvolveram-se para além das colunas 1, 2, 3 e 4, conjugadas com as linhas A, B, C, D, E e F.

Danoso para quem; para o quê?

Ao afirmar que a transformação provocada por "leituras" individuais possa ser danosa, suponho ser oportuno questionar: danosas *para quem*? Suponho que o sejam para boa parte dos pacientes, em primeiro lugar; para nós, analistas, que sempre somos pacientes também. Danosas *para o quê*? Penso que sejam para a divulgação e uso da obra de Dr. Bion; de modo breve, para o movimento psicanalítico.

---

ao estudo de Civitarese, no International Journal of Psychoanalysis (Sandler, 2015b, 2016).

De modo geral, pode se dizer que dificilmente o analista se preocupa com o pano de fundo cultural em relação ao qual o trabalho analítico precisa ser feito. Entretanto, a cultura pode se preocupar com o analista. Excepcionalmente – um caso notável foi o do próprio Freud -- o trabalho psicanalítico afeta profundamente o panorama social. Portanto, uma questão importante para analistas é que a imagem pública de nosso trabalho não seja deturpada ao ponto de se produzir um clima de opinião que intensifique as dificuldades, já consideráveis. Esta imagem vai ser influenciada por pacientes, por seus analistas e pelas sociedades e grupos formados por analistas (Bion, 1965, p. 24).

Se algo é visto como "danoso", e se mantivermos o que me parece ser o vértice psicanalítico, será necessário também observar se existe o caso de que "não seja danoso".

Não é danoso para os interessados em criar e manter grupos organizados segundo os pressupostos básicos de líder messiânico, acasalamento e luta-fuga. Caso minha sugestão da existência de um "sexto pressuposto básico" for válida, não é danoso para os interessados em manter a alucinose de inclusão ou exclusão de grupos, em que distorções e desentendidos em leituras são nutrientes necessários (Sandler, 2001a, c). De modo similar, não é danoso para pacientes propensos ao desinteresse, à indiferença, a nutrir ideias de superioridade, a manter desconsideração à vida e desrespeito à verdade. Praticantes e pacientes agirão em conluio; áreas que demandariam análise, ou mais análise, permanecerão intocadas.

Bion percebeu claramente o uso distorcido dos conceitos que criou:

PA... Esses elementos primitivos do pensamento são difíceis de serem representados por qualquer formulação verbal, porque precisamos nos apoiar em uma linguagem elaborada posteriormente e com outros objetivos. Houve época que tentei empregar termos desprovidos de sentido – alfa e beta eram exemplos típicos. Descobri então que "conceitos sem intuição são vazios e intuições sem conceito são cegas" rapidamente se tornaram "buracos negros nos quais a turbulência se infiltrou e conceitos vazios fluíram com significados desordeiros" (Bion, 1977, pp. 228-229).

Entre 1959 e 1960, Bion pretendeu substituir a teoria de sonhos de Freud por outra, que denominou "Trabalho onírico alfa", por estar insatisfeito com alguns aspectos da teoria de Freud.[21] Submeteu-a a teste clínico, tentando o valor-verdade das interpretações do analista:

É muito importante que o analista saiba, não o que está acontecendo, mas o que ele pensa estar acontecendo. Essa é a única certeza que ele pode reivindicar. Se ele mesmo não souber que pensa que isso, ou aquilo esteja acontecendo, não terá base para fazer a interpretação ... a teoria que está sendo testada empiricamente é: o quanto esta teoria consegue fazer o analista ter certeza

---

21 No final de 1960, em função do teste clínico, Bion rejeita a teoria que estava tentando construir. Aceita aquela já existente, apesar das inadequações, constatadas pelo próprio Freud. Este trajeto está documentado em *Cogitações* (pp. 31-160). Uma descrição crítica a respeito da pretensão, da rejeição e da substituição por uma teoria menos pretenciosa, a da função-alfa, aparece em outra publicação (Sandler, 2005, pp. 230-256).

que ele pensa que o caso é x; a teoria testada não deve ser correlacionada ao poder de assegurar que o caso é x. O fato sujeito ao teste empírico é a certeza, ou o grau de certeza, que o analista pode atingir sobre o que ele pensa estar ocorrendo. Ele poderia dizer: "Percebo que o meu ponto de vista pode estar completamente errado mas, de qualquer modo, sei que tenho certeza que esse é o meu ponto de vista" (Bion, 1959b, p. 83).

Bion não fornece nenhuma indicação de que aquilo que está acontecendo *não pode* ser abordado. Afirma outra coisa: nenhuma abordagem a respeito do que está acontecendo será possível no caso de o analista não poder ser sincero consigo mesmo(a).

Para diminuir imprecisões intrínsecas às formulações verbais feitas de modo coloquial durante sessões de análise, Bion tentou conferir um arcabouço teórico a essas formulações coloquiais, por meio de um uso observacional da teoria das transformações e invariâncias – tomada de empréstimo da matemática matricial, conforme desenvolvida por J. J. Sylvester e Arthur Cayley (Sandler, 2005, 2006). Nessa época, utilizou um método de notação que propus denominar "quase matemático". A existência de uma realidade última à qual é necessário fazer aproximações foi representada pela letra "O".[22]

---

22 Propus anteriormente, em estudo transdisciplinar de uma história das ideias em psicanálise e na civilização ocidental, que o sistema inconsciente (*unbewubt*, no alemão de Freud), abrigando "O", ou o âmbito dos numena, buscado pelos antigos gregos, desde Sócrates, foi resgatado por longa série de autores, de Pascal, Hume, Kant, até Freud e vários biólogos, matemáticos e físicos (Feuer, 1962; Sandler, 1997-2003, 2001a, 2001b).

O, representando a realidade última incognoscível, pode ser representado por qualquer formulação de uma transformação – como "realidade última incognoscível", que acabei de formular. Portanto, pode parecer desnecessário multiplicar representações de O; realmente, a partir do vértice psicanalítico, isto é verdade. Mas desejo tornar claro que minha razão para dizer que O é incognoscível não é que eu considere que a capacidade humana não esteja à altura da tarefa, mas porque K, L ou H são inadequados para "O". São adequados para transformações de O, mas não para O (Bion, 1965, p. 154).[23]

A crença de que realidade é algo que é conhecido, ou poderia ser conhecido, é equivocada porque realidade não é algo que se presta, por si, a ser conhecido. É impossível conhecer realidade pela mesma razão que faz com que seja impossível cantar batatas: pode-se plantá-las, colhê-las, ingeri-las, mas não cantá-las. Realidade tem que ser "sendo": poderia existir um verbo transitivo "ser", para ser usado expressamente com o termo "realidade" (Bion, 1965, p. 162).

Para demonstrar a importância fundamental de verdade – um fato imaterializável – para a mente humana, Bion utilizou-se de um modelo materializado: comparou-a analogicamente à importância de alimento e água para a sobrevivência do corpo humano

---

23 É possível que o leitor conheça as definições desses conceitos, K, L, H, O, e transformações, existentes na obra de Bion, e exaustivamente resumidas anteriormente (Sandler, 2005).

(Bion, 1962, p. 42, 1965, p. 54). Tal apelo soa a ouvidos relativistas (Norris, 1997) como se fosse declaração de contingência da verdade; para idealistas ingênuos, apanágio da não existência de verdade. Audições isentas de preconceito poderão captar outro sentido:

> O objetivo em escolher **L, H ou K** é o de fazer a melhor formulação possível a partir do que o analista crê ser verdadeiro. Não precisa ser uma formulação que represente de modo acurado a realização da qual ela é a contraparte; a formulação precisa parecer ao analista um reflexo verdadeiro de seus sentimentos, algo em que ele possa confiar para um objetivo importante, a saber, o de agir com um padrão ao qual ele possa referir todas as outras formulações que se proponha a fazer (Bion, 1962, p. 45).

É possível aproximar-se de verdade ocorrendo em uma análise, incluindo necessariamente algo de verdadeiro, intrínseco ao paciente[24] e, de modo simultâneo, sempre ocorrendo entre as duas pessoas, o paciente e o analista, naquele momento. Parece-me óbvio – algo difícil de ser visto, na observação de Asimov (1950)[25]

---

24 Bion, como Freud e Klein, utilizou muitas vezes o termo, intrapsíquico. Entre vários exemplos: de modo grifado, Bion, 1965, p. 135. Isso desmente mais uma "leitura" equivocada: aquela que tenta impor a membros do movimento psicanalítico a ideia de que a obra de Bion seria uma espécie de campeã do intersubjetivismo. Ou que seria pura e exclusivamente inter-relacional, usualmente "vincular". Parece-nos mais um exercício engenhoso de retórica, de manipulação de símbolos, e de interpretações de trechos do texto, como se pudesse representar a totalidade do contexto, afastado das contribuições originais de Bion.
25 O "óbvio" é o mais difícil de se ver, na maioria das vezes. Usualmente, falamos, "fica tão claro como o é um nariz, em nossa face". Mas quanto conseguimos ver de nossos narizes, caso não haja um espelho à nossa frente? Tem sido crescen-

– que haverá infinitas variações nos *modos e formas* pelos quais cada analista se aproximará daquilo que é verdade, que está realmente ocorrendo na sessão. Analogicamente, equivale a impressões digitais. No entanto, verdade, no que tange à personalidade do paciente, não depende das opiniões do analista. Depende de um trabalho conjunto do casal analítico que ajude o paciente a enfrentar e sofrer verdade. Um paciente não é amoroso, ou invejoso, ou benevolente, ou malevolente, ou criativo, ou deficiente, porque o analista decidiu, ou opinou, ou lhe é conveniente. Haverá infinitas gradações na aproximação; mais ou menos intuitivas; mais ou menos delicadas etc. O que importa é o grau de fidelidade das aproximações do analista frente ao que ele pensa estar ocorrendo. Aproximações a quê? No terceiro capítulo de *Transformações:* ao utilizar o conceito Invariância Bion demonstra este "o quê": não mais na mente do observador, como o eram a conjunção constante e o fato selecionado,[26] mas no fenômeno observado. As aproximações são a verdade. Bion insere, então, questões de conveniência para o analista. Ao tentar classificar formalmente o material advindo do paciente como observações finais do próprio paciente, baseadas em interpretações – ou transformações –, nomeia o estímulo original, ou experiência original, de "O", realidade última. Em psicanálise, como na física, o material compreende um âmbito imaterial, constituindo produtos finais das transformações realizadas pelo paciente em torno e a partir de "O". Nessa época, Bion utilizava uma notação quase matemática: chamou esses produtos finais, parcialmente materializados, de Tpβ.

---

temente comum, no Brasil, creditar-se a observação a Clarice Lispector, que a utilizou em um livro publicado em 1969: *Uma aprendizagem, ou o Livro dos prazeres.*
26 Tomados de empréstimo, respectivamente, de David Hume e de Jules-Henri Poincaré.

> *O problema de classificar o material é complicado, por encerrar elementos das três transformações: T^p, T^pc e T^pb. Isto é uma questão relevante, pois a decisão depende do que for mais conveniente ao analista . . . O problema é reformular T^pb em termos coloquiais, mas precisos (Bion, 1965, p. 41).*

A conveniência fica restrita a uma direção necessária para permitir à comunicação máxima eficácia possível: é voltada ao paciente; nunca orientada para o analista. Paradoxalmente, precisa considerar as limitações de cada analista; conhecê-las, ainda que parcialmente, por análise pessoal do analista pode garantir alguma disciplina que resulte em seu aproveitamento: evitá-las na medida do possível.[27] A expressão verbal "opinião do analista" encontra-se no Capítulo 4 de *Transformações*: "Deve-se limitar a expressão verbal para que expresse verdade, sem qualquer outra implicação que não seja a implicação de que é verdade na *opinião do analista*".

A retirada – clivagem – das outras frases elimina o contexto original, impondo cegueira ao todo do texto. Já esboçado sob forma de uma "cogitação", em 1959, teve uma forma final publicada em 1965:

> *A teoria nos deixa livres para atribuir a T^ab a acepção exata da verbalização que o analista faz, de sua experiência na sessão – e o estado emocional gerado no seu paciente. Seria incompatível com a teoria e a prática psicanalíticas que o analista trabalhasse sobre as emoções de seu paciente do mesmo modo que um pintor*

---

27 "Tornar proveitosa, uma má tarefa", no ditado inglês que Bion utilizou em um de seus artigos breves (1978).

poderia trabalhar sobre sua tela. O pintor que trabalhe sobre as emoções de seu público com uma finalidade em vista é um propagandista, cuja perspectiva corresponde ao de pintor de pôsteres – sua intenção não é que seu público esteja livre para escolher o que vai fazer da comunicação. A posição do analista é semelhante à do pintor que, através de sua arte, acrescenta algo à experiência de seu público. Já que os psicanalistas não almejam conduzir a vida do paciente, mas capacitá-lo a conduzi-la de acordo com suas próprias luzes, e portanto conhecer que luzes são estas, $T^{\alpha}b$, sob a forma de uma interpretação ou de um estudo científico escrito, precisaria representar a representação verbal do analista referente a uma experiência emocional. Seria inadequada uma tentativa de excluir por cerceamento verbal algum elemento de T^{α}, que a fizesse passar do âmbito da comunicação do conhecimento para o da propaganda. A única limitação necessária da expressão verbal é que ela expresse verdade, sem nenhuma outra implicação além dela ser verdadeira na visão do analista.[28] *Fica fora do escopo desta discussão como se faz esta tentativa, a não ser no que tange a certas implicações; passo a considerá-las. A primeira se re-*

---

28 Haverá uma questão de versões excessivamente literais da obra de Bion para a língua portuguesa? Na versão que preparei a pedido do editor, publicada em o texto acima, escolhi o termo "visão", quando Bion utilizou o termo "opinião". Uma consciência a respeito desses textos, mesmo que incompleta, parece-nos obrigatória, como método preventivo para não se extrair uma parte e tomá-lo pelo todo. Todo praticante tendente a entronizar opinião pessoal condena-se a ficar aquém de perceber o paradoxo contido nesse texto de Bion. Verdade se introduz como *insight*: um contraponto, no âmbito "menos".

fere ao caminho através do qual chegamos a esta conclusão. Algumas vezes assume-se que a razão para o trabalho científico é um amor abstrato pela verdade. A linha de raciocínio que segui implica que os bases para limitar os significados que podem ser substituídos por T^ab por enunciados verdadeiros se situa na natureza de significados que não estejam limitados deste modo, e a conexão deles com outros componentes na teoria T. Caso verdade não seja essencial para todas as acepções exatas de T^ab, será necessário considerar que T^ab está expressa na, e através da, manipulação de emoções do paciente, ou público, e não na, ou através da, interpretação. Verdade é algo essencial para qualquer acepção exata de T^ab em arte ou ciência. O que significa isto, verdade ser um critério para uma acepção que se propõe para T^ab? Para o que ela tem que ser verdadeira? E como vamos decidir se é, ou não, verdade? Quase toda resposta parece fazer com que verdade fique contingente a alguma circunstância ou ideia; que são, em si, contingentes. Voltando à experiência analítica para obter uma indicação, sou lembrado de que um desenvolvimento mental parece depender de verdade do mesmo modo que o organismo vivo depende de alimento. Caso falte verdade, ou ela seja deficiente, a personalidade deteriora. Não posso sustentar esta convicção por intermédio de evidência considerada como científica. Pode ser que esta formulação pertença ao âmbito da Estética (Bion, 1965, pp. 37-38).

Para quem lê todo o texto original, haveria dúvida de que Bion persiste no alerta sobre a necessidade de um analista ser sincero consigo mesmo(a)? Que um analista se disponha a disciplinar seu desejo, não se escravizando ao princípio do prazer/desprazer? Sob o vértice de um diagnóstico psicanalítico, pode-se qualificar a retirada da expressão verbal "opinião do analista" do contexto total como caracterizando uma reação esquizoide. Toma-se uma parte pelo todo, enaltecendo a "opinião do analista". Entroniza-se a enunciação de uma mera crença individual ou grupal, ao gosto de grupos à procura de líderes messiânicos. Será mera coincidência que defensores da "opinião do analista" tenham demonstrado pouco, ou nenhum, interesse na procura de invariâncias, preferindo exacerbar a descrição de transformações individuais?

Bion enfatiza uma *necessidade; fornece pelo menos um modo* para psicanalistas exercerem um tipo de método preventivo sobre tendências que poderiam impor os interesses do analista. Enfatiza: a conveniência se dá pelo "quantum" de verdade que a interpretação carreia, nos limites de cada analista de percebê-la; exclui propaganda ou sedução.

Um supervisor de seminários clínicos, defrontando-se com uma miríade caótica de visões pessoais dos alunos, obteve popularidade absoluta quando passou a emitir sua opinião relativística a respeito do que cada aluno falava: "Isto é válido, pois é sua transformação". Todos "tinham razão" – comprovando a máxima de Bacon (1625), "todas as religiões unem-se na escuridão". A situação pode aparentar consciência, por parte do praticante, de suas próprias limitações. Disfarçada de humildade, a paranoia age desenfreada – como um cavalo em galope; como diferenciar isto de autopropaganda sedutora? Haveria algum tipo de autorização superior para que exerçamos autoindulgência sobre nossas crenças? Seria factível qualificar como psicanálise uma prática cuja utilidade possa ser útil apenas para um dos praticantes, o psicanalista?

"Um analista não está fazendo seu trabalho, se investiga algo porque é agradável ou lucrativo" (Bion, 1979a, p. 122).

Se a postura restritiva sobre oferecer "evidências científicas" for utilizada para diminuir responsabilidade do(a) analista, o ofício psicanalítico incluiria apenas "opiniões pessoais". Postura que pode ser sentida como agradável para alguém que não pode, ou não quer[29] aprofundar sua própria análise no que tange a descobrir eventuais núcleos narcísicos, ou sobre eventual imobilização na posição esquizoparanoide. A não ser que estejamos desempenhando atividades pedagógicas, ou exercendo funções maternas ou paternas – diversas de ajudar uma pessoa em sua análise, em nossa função, de analista, haveria outro fator que nossa faça valorizar tanto nossas opiniões pessoais, até o ponto de fantasiar de que teriam importância para outros? Psicanálise seria uma prática a serviço de fantasias onipotentes e oniscientes de analistas em particular? Seria uma prática de apelo indistinguível daquele das drogas, que "são substitutos, empregados por aqueles que não podem esperar" (Bion, 1968, p. 308).

Se for o caso, a "visão analítica" expressa por Bion seria questão irrelevante. A liberdade do paciente de utilizar a comunicação do analista de acordo com suas possibilidades pessoais, ou preferências, também seria irrelevante: não teria a menor importância na continuidade da investigação. As consequências para o paciente também seriam irrelevantes: se suicídio, ou homicídio ocorressem, um "analista opiniático" jamais se incomodaria. Seja a psicanálise proveitosa, ou não, dá no mesmo. Seria uma perversão de psicanálise, caso seja considerada como ofício do cuidar? Legalização solipsista de opinião individual teve, tem e terá grande apelo para muitos de nós, ou para todos nós, em algum período de nossa

---

29 Já que os que não querem, não podem; a recíproca nunca é verdadeira.

evolução ontogenética, marcada por tantas involuções. Nossa espécie, autodenominada, humana, fornece indicações de manter pouco equilíbrio entrópico[30] entre instintos de vida e de morte; o que tenha permitido em maior grau a introdução do princípio de realidade, às expensas de fantasias de satisfação do princípio do prazer/desprazer. Poderia ser qualificada de psicanálise limitada ao âmbito "negativo", ou Menos?

> *Voltando à experiência analítica para obter uma indicação, sou lembrado de que um desenvolvimento mental parece depender de verdade do mesmo modo que o organismo vivo depende de alimento. Caso falte verdade, ou ela seja deficiente, a personalidade deteriora. Não posso sustentar esta convicção por intermédio de evidência considerada como científica. Pode ser que esta formulação pertença ao âmbito da Estética (Bion, 1965, p. 31).*

A utilidade de uma psicanálise a pacientes tem sido crescentemente colocada em dúvida pelo meio circundante. Organizações sociais seduzem-se por promessas feitas por alternativas excessivamente concretizadas,[31] de inspiração positivista (Comte, 1896).

---

30 Lei de G. T. Fechner, um dos fundamentos para a descoberta de psicanálise, citada muitas vezes por Freud: por exemplo, 1920, pp. 8-10.

31 Drogas psicoativas; imagens obtidas por engenheiros especializados em computação do "cérebro", e outras, movidas por interesses comerciais do grande capital, em laboratórios farmacêuticos e outros. Vivemos época de retrocesso cultural, na qual o retrocesso científico foi precursor – frente a avanços obtidos pela biologia, psicanálise e física, que ultrapassaram a religião positivista. Expansões a respeito disso podem ser vistas em outras investigações. (Berlin, 1956; Money-Kyrle, 1956; Lovejoy, 1940; Feuer, 1962; Sandler, 1997-2003, 2017).

Coincide com afluência notável de pessoas interessadas em psicanálise com formações não médicas. A tendência pós-modernista, nascida e desenvolvida dentro de outros âmbitos que não a psicanálise, apresentando-os como superiores e substitutos de psicanálise – como literatura e crítica literária –, tende a clivar e valorizar excessivamente a última frase do citação anterior.

Penso que leituras idealistas desprezam enunciados práticos que têm me parecido cruciais caso psicanálise seja uma das atividades do "cuidar":

> *Os psicanalistas concordam que a psicanálise correta exige que a interpretação do analista formule aquilo que o comportamento do paciente revela; de modo inverso, que o julgamento do analista precisa ser incorporado em uma interpretação e não em uma descarga emocional (por exemplo, contra-transferência ou acting-out . . . Se a análise for bem sucedida em restaurar a personalidade do paciente, ele vai se aproximar de ser a pessoa que foi quando seu desenvolvimento tornou-se comprometido (Bion, 1965, p. 35).*

"Um desfecho bem sucedido de uma análise depende da resolução do complexo de Édipo" (Bion, 1965, p. 143). "Considerando qualquer sessão psicanalítica como uma experiência emocional, que elementos precisam ser selecionados na sessão a fim de tornar claro que a experiência foi uma psicanálise, e não poderia ter sido nenhuma outra coisa" (Bion, 1963, p. 103), por exemplo, "uma imitação de psicanálise, e não aquilo que é genuíno?" (Bion, 1963, pp. 29-30).

O trabalho do analista é restituir dinâmica a uma situação estática, possibilitando o desenvolvimento... o paciente manobra para estar de acordo com as interpretações do analista; assim, estas se tornam o sinal exterior de uma situação estática... Na perspectiva reversível, o fato do analista aceitar que a possibilidade da capacidade para dor estar prejudicada pode ajudar a evitar erros que poderiam levar a um desastre. Caso não se lide com o problema, à capacidade do paciente manter a situação estática pode sobrevir uma experiência de dor tão intensa que resulta em um colapso psicótico (Bion, 1963, p. 73).

E vice-versa: "A interpretação que fornecemos ao paciente é uma formulação cuja intenção é demonstrar um padrão subjacente" (Bion, 1967a, p. 131). Esse padrão subjacente é inconsciente:

O psicanalista tenta ajudar o paciente a transformar aquela parte de uma experiência emocional que lhe é inconsciente, em uma experiência emocional que lhe seja consciente. Caso o psicanalista faça isto, ele ajuda o paciente a obter conhecimento privado. No entanto, considerando-se que o trabalho científico demanda que a descoberta seja comunicada para outros pesquisadores; o psicanalista precisa transformar sua experiência privada de psicanálise de modo tal que ela se torne uma experiência pública (Bion, 1965, p. 32).

Solidão?

Discussões críticas sobre opinião e conveniência do analista vinculam-se à existência de solidão. Entre 1963 e 1970, Bion enfatizou questões de conluio entre analistas e pacientes centradas em apego ao que ele denomina "*teorias*". Partindo dessas observações, proponho denominá-las "pseudoteorias", que me parecem funcionar como precaução para que a dupla, idealmente, nunca enfrente o desconhecido;[32] procuram-se "*curas*" em:

> *muitas análises, e mais ainda, psicoterapias comicamente onipotentes e otimistas. . . A intenção é, primariamente, que a comunicação habilite o paciente a gerar soluções para seus problemas de desenvolvimento. (É claro que o paciente pode usá-lo para produzir soluções de seus problemas, e não soluções para seus problemas de desenvolvimento. Ou seja, ele pode usar as interpretações como conselho e não interpretação, mas minha intenção aqui não é discutir estas e outras respostas do paciente.) Funções de interpretações pertencentes a esta categoria, e, portanto, as interpretações neste aspecto, dentre outros, são análogas a ações em outras formas de empreendimento humano. Para o analista, a transição – partindo do pensamento e chegando a formulações verbais da categoria 6 – é aquela que mais se aproxima da transição que parte da de-*

---

32 Desconhecido: termo em português que corresponde literalmente à linguagem alemã utilizada por Freud, *unbewbt*, sempre vertida para o inglês e línguas neolatinas, como "inconsciente". Toda psicanálise que possa ser considerada como filiada à obra de Freud constitui-se como investigação do desconhecido, do inconsciente, já que os termos são sinônimos.

*cisão e chega à tradução do pensamento em ação... fica claro que em atividades nesta categoria, o mais provável é que se evidencie o **sentimento de solidão e isolamento** (Bion, 1963, pp. 35-36).*

Sentimentos são estágio inicial para apreensões da realidade: produtos de nosso aparato sensorial. Não correspondem biunivocamente à realidade. Imaginar que sentimentos poderiam corresponder à realidade nos equacionaria a paramécios. Seres de apenas uma célula: a primeira entidade viva, vivendo em ambiente aquoso, equipada com um sistema nervoso que reage a uma agressão externa: são capazes de se evadir, frente, por exemplo, à uma picada de agulha. Supomos que nós, seres humanos, podemos ter afetos, emoções e experiências emocionais,[33] muito além das sensações e sentimentos. Uma pessoa com pneumonia pode sentir calor em um dia em que a temperatura exterior é de zero grau Celsius; ou sentir frio em um dia em que todos que estivessem sem infecções sentiriam como quente. Sensações de solidão e isolamento têm sido insuportáveis para muitos praticantes, criando mais mantras – como se houvesse falta deles – no movimento psicanalítico: "como o analista fica isolado"; "que profissão difícil, esta: fica-se sem falar com ninguém o dia inteiro".[34] Racionalizações subservientes ao princípio do prazer-desprazer, para provar uma falsa ideia? Diferente de verdade, apenas mentiras precisam de um pensador (Bion, 1970, p. 112). Um membro do movimento revelou a uma audiência de quase quinhentas pessoas seus sentimentos

---

[33] A teoria da função alfa foi uma tentativa de descrever esse fato: estímulos sensoriais transformam-se em elementos alfa, úteis para sonhar, para memorizar, para pensar.

[34] Muitos julgam que seja profissão – confesso que não é o meu caso. Penso ser ofício: um dos ofícios de cuidar, como observou Winnicott (1957).

absolutos em sessões: "medo", por "solidão do analista".³⁵ Pareceu-me negar que psicanálise é uma "psicologia de dois corpos": um paciente e um analista (Rickmann, 1950), e ignorar, caso tenha lido o texto citado anteriormente, de 1963, que Bion trata de solidão³⁶ e isolamento do *casal analítico*. Tentemos continuar a leitura do mesmo texto:

> *Poderia parecer que se enfocássemos as peculiaridades emocionais da experiência, evitaríamos as desvantagens de catalogar detalhadamente as diferenças; mas surgem dificuldades, pois é comum que os pacientes sintam que análise é friamente despida de emoções e mesmo assim provoca efeitos próprios de uma série intensa de emoções... O significado do aforismo, uma análise precisa ser levada em uma atmosfera de privação, geralmente é entendido como a necessidade do analista resistir a todo e qualquer impulso de gratificar os desejos de seus analisandos ou desejar gratificações para si mesmo. Circunscrevendo a expressão deste enunciado sem contrair a área que ele abrange: em nenhum momento tanto o analista, como o analisando, podem perder o senso de isolamento dentro da relação íntima da análise (Bion, 1963, p. 36).*³⁷

Excessivamente preocupado com sua opinião e conveniência, essa pessoa perdeu de vista que nunca estamos, realmente,

---

35 Seria necessário discriminar solidão de solitude? (Klein, 1963; Alves, 1959).
36 Solidão pode-se constituir como experiência emocional sobre a qual Melanie Klein nos deixou considerações que me parecem fundamentais. Entre nós, Deocleciano Alves tentou expandir a concepção (Alves, 1999).
37 Em premonição, este ponto será novamente discutido.

sozinhos. Há momentos – na minha experiência, muitos – nos quais não conversamos com aquele que desempenha a função de paciente: excelente oportunidade para uma conversa com nós mesmos – alguém sempre disponível. Com quem podemos, ainda que com limitações, estabelecer um diálogo, caso disponhamos de um, dentre nossos instrumentos, possibilitado por uma análise pessoal[38] suficientemente boa:

> *Independente do quão boa ou má a cooperação possa ser, é necessário que o analista não perca nem prive o paciente do senso de isolamento relativo à noção das circunstâncias que levaram à análise e as consequências que possam surgir dela no futuro; não se pode compartilhar esta responsabilidade com mais ninguém. Discussões com colegas ou parentes a respeito de assuntos técnicos ou outros quaisquer jamais deveriam eclipsar este isolamento essencial.* O impulso para ser ávido[39] e mesquinho se opõe à instalação de um relacionamento que permita experimentar um senso de responsabilidade. O senso de solidão parece se relacionar ao sentimento, no objeto de exame, que ele está sendo abandonado e, no objeto examinado,

---

38 Dita "análise didática". Quantos, dentre nós, no movimento psicanalítico, se recordam de que Freud (1938c) a recomendava a cada cinco anos? Pessoalmente, nunca consegui saber nada sobre a origem dessa noção; nem quais teriam sido os fatores determinantes dessa cronologia, desse intervalo de tempo. Que me parece minimamente realístico.
39 Usa-se termos como "avidez" porque estou discutindo os elementos da prática psicanalítica. Assim que tais elementos sejam discriminados claramente como uma parte da experiência emocional, o analista pode considerar de que modo eles ficam iluminados por teorias psicanalíticas de, por exemplo, erotismo anal.

que ele está se apartando da fonte ou base da qual sua existência depende. . . . *consegue-se imparcialidade unicamente pagando-se o preço de sentimentos dolorosos de solidão e abandono experimentados (1) pela herança mental animal primitiva a partir da qual se efetua a imparcialidade e (2) pelos aspectos da personalidade que conseguiram ficar imparciais quanto ao objeto de exame, sentidos como indistinguíveis da própria viabilização deste exame. O objeto de exame aparentemente abandonado é a mente primitiva e a capacidade social primitiva do indivíduo como um animal político ou de grupo. A personalidade "imparcial" é, em um sentido, nova para tal tarefa, e tem que se voltar para empreitadas diferentes daquelas para as quais seus elementos estão adaptados mais frequentemente, ou seja, o exame do meio ambiente excluindo o self. Parte do preço é pago em sentimentos de insegurança (Bion, 1963, pp. 30-31, grifos meus).*

Bion enumera alguns comportamentos, correspondentes a intuitos, ou interesses e conveniências provenientes *dos pacientes*; parecem-me úteis para uma análise crítica sobre leituras individuais, opiniões e conveniência do analista:

A psicanálise não te diz nada; é um instrumento, como a bengala do cego, que aumenta o poder para colher informações. O analista usa a psicanálise para acumular um tipo selecionado de informação: o analisando utiliza a psicanálise para acumular um material que pode usar para (1) o objetivo de imitar; (2) aprender a filosofia do analista; (3) aprender como conduzir sua vida de modo socialmente aceitável, e (4) tornar-se familiarizado com seu Self.

Ainda que seja verdadeiro que o analista não intente satisfazer (1), (2) e (3), ou qualquer outro desejo que não (4), é impossível fazer alguma afirmação que gratifique apenas (4), pela falta de precisão do discurso espontâneo em português.[40] *O analista pode tentar não poluir a sua interpretação; ou, por outro lado, pode tentar não ficar falando como se fosse um computador vivo, estranho à cordialidade humana, ou à vida com a qual todos os nossos companheiros humanos, como membros de nosso universo, estão familiarizados (Bion, 1975b, p. 369).*

Desprezar estas considerações que estou tentando elaborar tem consequências. Se são sérias, ou não; graves, agudas, crônicas ou momentâneas, agradáveis, desagradáveis, desastrosas ou trágicas, cabe a cada paciente e a cada analista julgar. Não há retorno para tempo perdido. Tenho observado o seguinte fato: o quão mais "humilde" o praticante que clama emitir "apenas opiniões pessoais" possa parecer; ou possa se passar por ser, a realidade mostrará, cedo ou tarde, o quão mais autoritário o é.

---

40 Uma nota sobre a tradução: no original, "*spontaneous English speech*".

À guisa de conclusão: "bionianos"

> PAUL: *(em solilóquio) Todo mundo pensa que os psicanalistas nunca brigam. Quando começarem as Grandes Guerras da Psicanálise aí é que vamos ver alguma coisa – e não vai haver nenhum golpe proibido. Santayana temeu o dia em que as bestas e canalhas científicos tomassem conta do mundo . . . Boa noite, Roland; agradeça à Alice pela sua hospitalidade. É sua vez de sonhar, não é? (Bion, 1977, p. 151).*

A advocacia da exclusividade da ideia de que analistas podem apenas emitir opiniões pessoais, de acordo como suas preferências, conveniências e comodidades, correlaciona-se, em minha observação, com a disseminação desenfreada do uso do termo "bionianos" após o falecimento de Wilfred R. Bion: um dos fenômenos manifestados pelos grupo que criam algum "líder messiânico" (Bion, 1961), confundindo-o com "místicos" (Bion, 1965, p. 152, 1970, p. 73). O sentimento prevalente, perpassado por identificações projetivas exitosas – aquelas que encontram continentes adequados – é de que o grupo, ao ter um *insight* momentâneo e sempre negado de seu próprio desamparo humano, "encontra", em alucinose, um "Salvador".

> P.A.: *. . . A afirmação de que está havendo uma manifestação religiosa, dará origem a hostilidade e suspeição, por parte de psicanalistas, que negarão o fato de estarem demonstrando fanatismo.*
>
> ALICE: *É mesmo? Muito me surpreende.*

P.A.: *Todos nós ficamos escandalizados pelo fanatismo. Nenhum de nós gera fanatismo; quer dizer, nenhum de nós consegue admitir que nós mesmos somos a fonte da qual flui o fanatismo. Como resultado, não reconhecemos aqueles que, dentro de nossa prole apresentam características que desaprovamos. Melanie Klein, realmente, descobriu que a onipotência infantil, primitiva, era caracterizada por fragmentar[41] traços individuais não desejados e então evacuá-los (Bion, 1977, p. 12).*

Freud demonstrou discordância quanto a grupos que se intitularam de "freudianos". Após seu falecimento, esses grupos proliferaram. Melanie Klein, como Sigmund Freud, também experimentou a mesma situação. Caso o relato de Bion possa ser confiável, Klein teria sido alertada a respeito da impossibilidade de fazer qualquer ação que pudesse contrariar funcionamentos grupais delirantes (Bion, 1977, p. 37). Há evidências de que o uso (consciente ou não), pela meritocracia política, do nome de alguns autores tem sido fenômeno destrutivo: expressão de onipotência e onisciência colocados, concretamente, no nome desses autores. Um mês antes de seu falecimento, Bion comparou sua "experiência pessoal com a história da psicanálise, e . . . com a história do pensamento humano". Pareceu-lhe

bastante ridículo que alguém se encontre na posição de ser visto estar nesta linha de sucessão, ao invés de constituir apenas uma de suas unidades. É ainda mais ridículo esperar-se que alguém participe de um tipo de

---

41 Outra nota sobre a tradução: "*split off*", no original.

competição por precedência, de quem está por cima. Por cima do quê? De quem? Aonde este por cima entra nesta história? Aonde entra a própria psicanálise? O que está em disputa? O que é esta disputa na qual supõe-se que alguém esteja interessado? Sempre ouço – como sempre ouvi – que sou um Kleiniano, que sou louco. Será possível estar interessado neste tipo de disputa? Acho muito difícil ver como isso poderia ser relevante, cotejado com o acervo de luta do ser humano para emergir da barbárie e da existência puramente animal para algo que poderia ser denominado, uma sociedade civilizada. Uma das razões que estou falando isto aqui é porque penso que seria útil caso nos lembrássemos da proporção das coisas nas quais estamos envolvidos, e onde, aproximadamente, se localiza um pequeno nicho que poderíamos ocupar (Bion, 1979b , p. 377).

Referências

Alves, D. B. (1989). Sobre o sentimento de soledade: Paidéa II. *Revista Brasileira de Psicanálise, 23*, 209.

Asimov, I. (1950). *I, Robot*. Kindle Edition. Seattle, WA: Amazon.com.

Bacon, F. (1620). Novvm Organon. Aphorisms concerning the interpretation of nature and the kingdom of man. In *The great books of the Western Hemisphere*. Chicago, IL: Encyclopaedia Britannica, 1994.

Bacon, F. (1625). Of unity in religion. In J. Pitcher (Ed.), *The Essays* (p. 67). London: Penguin Books, 1985.

Berlin, I. (1956). *Against the current.* London: Pimlico, 1997.

Bion, W. R. (1957). On Arrogance. In *Second Thoughts.* London: Heinemann Medical Books.

Bion, W. R. (1959a). Método científico. In F. Bion (Ed.), *Cogitações* (E. H. Sandler e P. C. Sandler, versão brasileira). Rio de Janeiro, RJ: Imago, 2000.

Bion, W. R. (1959b). Alfa – 29 agosto de 1959. In F. Bion (Ed.), *Cogitações* (E. H. Sandler e P. C. Sandler, versão brasileira). Rio de Janeiro, RJ: Imago, 2000.

Bion, W. R. (c. 1959) Comunicação. In F. Bion (Ed.), *Cogitações* (E. H. Sandler e P. C. Sandler, versão brasileira). Rio de Janeiro, RJ: Imago, 2000.

Bion, W. R. (1960). Compaixão e verdade. In F. Bion (Ed.), *Cogitações* (E. H. Sandler e P. C. Sandler, versão brasileira). Rio de Janeiro, RJ: Imago, 2000.

Bion, W. R. (1961). *Experiences in groups.* London: Tavistock Publications.

Bion, W. R. (1962). *Learning from experience.* London: Heinemann Medical Books.

Bion, W.R. (1963). *Elements of Psycho-analysis.* (E. H. Sandler e P. C. Sandler, versão brasileira). Rio de Janeiro, RJ: Imago, 2003.

Bion, W. R. (1965). *Transformações* (P. C. Sandler, versão brasileira; R. Trachtemberg, revisão técnica). Rio de Janeiro, RJ: Imago, 2004.

Bion, W. R. (1967a). Commentary. In *Second Thoughts.* London: Heinemann Medical Books.

Bion, W. R. (1967b). Reverência e temor reverencial. In F. Bion (Ed.), *Cogitações* (E. H. Sandler e P. C. Sandler, versão brasileira). Rio de Janeiro, RJ: Imago Editora, 2000.

Bion, W. R. (1968). Sem título. In F. Bion (Ed.), *Cogitações* (E. H. Sandler e P. C. Sandler, versão brasileira). Rio de Janeiro, RJ: Imago, 2000.

Bion, W. R. (1969). Sem título. In F. Bion (Ed.), *Cogitações* (E. H. Sandler e P. C. Sandler, versão brasileira). Rio de Janeiro, RJ: Imago, 2000.

Bion, W. R. (1970). *Atenção e interpretação* (P. C. Sandler, versão brasileira; E. H. Sandler, revisão técnica). Rio de Janeiro, RJ: Imago, 2002.

Bion, W. R. (1975a). *Uma memória do futuro* (Vol. 1: O sonho) (P. C. Sandler, versão brasileira). São Paulo, SP: Martins Fontes, 1990.

Bion, W. R. (1975b). Agosto de 1975. In F. Bion (Ed.), *Cogitações* (E. H. Sandler e P. C. Sandler, versão brasileira). Rio de Janeiro, RJ: Imago, 2000.

Bion, W. R. (1977). *Uma memória do futuro* (Vol. 2: O passado apresentado) (P. C. Sandler, versão brasileira). Rio de Janeiro, RJ: Imago, 1996.

Bion, W. R. (1978). Como tornar proveitoso um mau negócio (O. D. Knijnik, versão brasileira) *Revista Brasileira de Psicanálise, 13*, 467, 1979.

Bion, W. R. (1979a). *Uma memória do futuro* (Vol. 3: A aurora do esquecimento) (P. C. Sandler, versão brasileira). Rio de Janeiro, RJ: Imago, 1996.

Bion, W. R. (1979b). Transcrição de uma fita, abril de 1979. In F. Bion (Ed.), *Cogitações* (E. H. Sandler e P. C. Sandler, versão brasileira). Rio de Janeiro, RJ: Imago, 2000.

Bleuler, E. (1916-1960). *Tratado de psiquiatria* (M. Bleuler, revisão; A. G. Miralles, versão espanhola). Madrid: Espasa-Calpe, 1967.

Camargos, M., Scchetta, V., & Azevedo, C. L. (1997). *Monteiro Lobato: furacão na Botocúndia*. São Paulo, SP: Senac.

Campbell, R. J. (1983). *Dicionário de psiquiatria* (A. Cabral, versão brasileira; P. C. Sandler, revisão técnica). Sao Paulo, SP: Martins Fontes, 1986.

Comte, A. (1896). *The positive philosophy of Auguste Comte* (H. Martineau, versão inglesa). London: George Bell & Sons. [Há uma reprodução eletrônica, disponibilizada desde 2000 por Batoche Books: http://socserv2.socsci.mcmaster.ca/econ/ ugcm/3113/comte/Philosophy3.pdf. Parte desta obra foi publicada em português: Comte, A. (1978). *Curso de filosofia positiva* (J. A. Giannotti e M. Lemos, versão brasileira). São Paulo: Abril Cutural. (Coleção Os Pensadores.)]

Fairbairn, W. R. D. (1952). *Psychoanalytic studies of the personality*. London: Routledge, 1994.

Feuer, L. (1962). *The scientific intellectual*. New Jersey: Transaction.

Freud, S. (1953-1974). *Standard Edition of the Complete Psychological Works of Sigmund Freud* (SE). 24 v. (Trad. e ed. J. Strachey et al.). London: The Hogarth Press.

Freud, S. (1900). The interpretation of dreams. In *"The interpretation of dreams" (first part)* e *"The interpretation of dreams" (second part) and "On dreams"* (pp. 1-627). (Standard Edition of the Complete Psychological Works of Sigmund Freud, v. 4 e 5)

Freud, S. (1905). Fragment of an analysis of a case of hysteria. In *"A case of hysteria"*, *"Three essays on sexuality" and other works* (pp. 3-122). (Standard Edition of the Complete Psychological Works of Sigmund Freud, v. 7)

Freud, S. (1910). Formulations on the two principles of mental functioning. In *"The case of Schreber"*, *"Papers on technique" and other works* (pp. 215-226). (Standard Edition of the Complete Psychological Works of Sigmund Freud, v. 12)

Freud, S. (1911). Psycho-analytic notes on an autobiographical account of a case of paranoia. In *"The case of Schreber"*, *"Papers on technique" and other works* (Standard Edition of the Complete Psychological Works of Sigmund Freud, v. 12)

Freud, S. (1912). The dynamics of transference. In *"The case of Schreber"*, *"Papers on technique" and other works* (pp. 97-108). (Standard Edition of the Complete Psychological Works of Sigmund Freud, v. 12)

Freud, S. (1914a). On narcissism. In *"On the history of the psycho-analytic movement"*, *"Papers on metapsychology" and other works* (pp. 69-102). (Standard Edition of the Complete Psychological Works of Sigmund Freud, v. 14)

Freud, S. (1914b). On the history of the psycho-analytical movement. In *"On the history of the psycho-analytic movement"*, *"Papers on metapsychology" and other works* (pp. 3-66). (Standard Edition of the Complete Psychological Works of Sigmund Freud, v. 14)

Freud, S. (1921). Group psychology and analysis of the ego. In *"Beyond the pleasure principle"*, *"Group psychology" and other works* (pp. 65-144). (Standard Edition of the Complete Psychological Works of Sigmund Freud, v. 18)

Freud, S. (1925). On negation. In *The Ego and the Id" and other works* (pp. 234-240). (Standard Edition of the Complete Psychological Works of Sigmund Freud, v. 19)

Freud, S. (1933-1936). New introductory letters in psycho-analysis. In *"New introductory lectures on psycho-analysis" and other works* (pp. 3-182). (Standard Edition of the Complete Psychological Works of Sigmund Freud, v. 22)

Freud, S. (1938a). Constructions in analysis. In *"Moses and monotheism", "An outline of psycho-analysis" and other works* (pp. 257-269). (Standard Edition of the Complete Psychological Works of Sigmund Freud, v. 23)

Freud, S. (1938b). Splitting of the ego in the process of defense. In *"Moses and monotheism", "An outline of psycho-analysis" and other works* (pp. 271-278). (Standard Edition of the Complete Psychological Works of Sigmund Freud, v. 23)

Freud, S. (1938c). Analysis terminable and interminable. In *"Moses and monotheism", "An outline of psycho-analysis" and other works* (pp. 211-254). (Standard Edition of the Complete Psychological Works of Sigmund Freud, v. 23)

Green, A. (1995). Has sexuality anything to do with psychoanalysis? *The International Journal of Psycho-Analysis, 76*, 871.

Heisenberg, W. (1958). Physics and philosophy. In *The great books of the western world*. Chicago, IL: Encyclopaedia Britannica, 1994.

Hinshelwood, R. (2000). Foreword. In *Bion, Rickman, Foulkes and the Northfield Experiments*. London: Jessica Kingsley.

Kant, I. (1781). *Crítica da razão pura* (V. Rohden, versão brasileira). São Paulo, SP: Abril Cultural, 1980. (Coleção Os Pensadores.)

Klein, M. (1946). Notes on some schizoid mechanisms. In M. Klein, P. Heimann, S. Isaacs, & J. Riviere (Eds.), *Developments in psycho-analysis*. London: The Hogarth Press/Institute of Psycho-Analysis, 1952.

Klein, M. (1957). *Envy and gratitude*. London: Tavistock Publications.

Klein, M. (1963). On the sense of loneliness. In R. Money-Kyrle, B. Joseph, E. O'Shaughnessy, & H. Segal (Eds.). *The writings of Melanie Klein*. London: Karnac Books/Institute of Psycho--Analysis, 1996.

Lovejoy, A. O. (1940). Reflections on the history of ideas. *Journal of the History of Ideas, 1*, 3.

Lyotard, J. F. (1979). *The postmodern condition*. Manchester, Inglaterra: Manchester University Press, 1984.

Money-Kyrle, R. (1956). Psicanálise e filosofia. In *Obras selecionadas de Roger Money-Kyrle* (E. H. Sandler e P. C. Sandler, versão brasileira). São Paulo, SP: Casa do Psicólogo, 1996.

Norris, C. (1997). *Against relativism: philosophy of science, deconstruction and critical theory*. Oxford: Blackwell.

Philips, F. J. (1989). Imitations et hallucination en Psychanalyse. *Revue Française de Psychanalyse, 53*, 1293.

Pope, A. (1711). An essay on criticism. Recuperado de http://www.poemhunter.com/poem/an-essay-on-criticism.

Reik, T. (1948). *Listening with the third ear*. New York: Farrar, Straus & Giroux, 1983.

Rickman, J. (1950). The factor of number in individual and group dynamics. In *Selected Contributions to Psychoanalysis*. London: Hogarth Press/Institute of Psychoanalysis.

Ricoeur, P. (1977). The question of proof in Freud's psychoanalytic writings. In *Hermeneutics and the human sciences: essays on language, action and interpretation*. Cambridge, Inglaterra: Cambridge University Press, 1981.

Rorty, R. (1982). *The consequences of pragmatism*. Minneapolis, MN: University of Minnesota Press.

Rosenfeld, H. (1968). *Os estados psicóticos* (J. Salomão e P. D. Correia, versão brasileira). Rio de Janeiro, RJ: Zahar.

Ruskin, J. (1865). *Sesame and lilies*. Orpington: Reino Unido: George Allen, 1894.

Sandler, P. C. (1997-2003). *A apreensão da realidade psíquica*. Rio de Janeiro, RJ: Imago. (Em 7 volumes.)

Sandler, P. C. (2001a). Le projet scientifique de Freud en danger un siècle plus tard? *Revue Française de Psychanalyse, n. hors-série*, 181-202.

Sandler, P. C. (2001b jul.). Psychoanalysis, epistemology: friends, parents or strangers? Painel oficial no Congresso da International Psychoanalytical Association, Nice.

Sandler, P. C. (2001c). O quarto pressuposto. *Revista Brasileira de Psicanálise*, 35, 907-934. Uma versão modificada foi publicada na *Revista Portuguesa de Psicanálise*, 1, 75, 2006. [A terceira versão, "A sixth basic assumption?", teve título alterado por causa da contribuição de João Carlos Braga, que nos avisou da existência, na literatura de propostas a respeito de um quarto e um quinto pressuposto básico. Pode ser vista em *A clinical application of Bion's concepts* (Vol. 3: Verbal and visual approaches to reality). London: Karnac Books, 2013.]

Sandler, P. C. (2005). *The language of Bion: a dictionary of concepts*. London: Karnac Books.

Sandler, P. C. (2015a). Grupos: o vértice psicanalítico. *Jornal de Psicanálise, 48,* 95-109.

Sandler, P. C. (2015b). Commentary on transformations in hallucinosis and the receptivity of the analyst by Civitarese. *International Journal of Psycho-Analysis, 96,* 1139-1157.

Sandler, P. C. (2015c). An introduction to 'A memoir of the future' by W. R. Bion (Vol 1: Authoritative, not authoritarian psychoanalysis; Vol. 2: Facts of matter for a matter of fact?) London: Karnac Books.

Sandler, P. C. (2016). Transformazioni? Invarianti! *Koinos, 9,* 75-83.

Sandler, P. C. (2017). *Funções de um psicanalista em um centro de reabilitação física de um hospital universitário* (tese de doutorado, a ser apresentada na Faculdade de Medicina da Universidade de São Paulo).

Sanford, N., Frenkel-Brunswick, E., Levinson, D. L., & Adorno, T. W. (1950). *The authoritarian personality.* Berkeley, CA: The Norton Library. [Usualmente, o principal autor, Nevitt Sanford, é colocado por último; e o autor de um capítulo teórico, Theodor Adorno, é citado como se fosse o principal autor.]

Sokal, A., & Bricmont, J. (1997). *Fashionable nonsense. Postmodern intellectuals' abuse of science.* New York: Picador.

Toynbee, A. (1972). *Um estudo da história* (I. S. Leal e M. Silveira, versão brasileira). São Paulo, SP: Martins Fontes, 1987.

Winnicott, D. W. (1957). A contribuição da mãe para a sociedade. In *Tudo começa em casa* (P. C. Sandler, versão brasileira). São Paulo, SP: Martins Fontes, 1989.

Winnicott, D. W. (1958). *Collected papers. Through paediatrics to psycho-analysis.* London: Tavistock Publications.

6. A linguagem de êxito e a importância do imaginário na prática da psicanálise e no seu desenvolvimento

Claudio Castelo Filho

> *O que me interessa atualmente são os pensamentos selvagens que aparecem e para os quais não é possível traçar, de imediato, se eles teriam um dono, ou se há alguma maneira de se estar ciente da genealogia de um pensamento específico.*[1]
>
> Wilfred R. Bion, *Taming wild thoughts*, 1997, p. 27

Em *Learning from experience* e no póstumo *Cogitations*, Bion começa a explicitar as dificuldades que via no desenvolvimento da psicanálise como ciência, não porque ela não fosse uma ciência, mas por carecer de instrumental para se desenvolver como ciência. Primeiramente, a realidade com que se lida em psicanálise não é a dos sentidos, é a realidade psíquica não sensorial e, por conseguinte, os instrumentos para sua captação não podem ser os mesmos

---

1 "What I am concerned with at the moment is the wild thoughts that turn up and for which there is no possibility of being able to trace immediately any kind of ownership or even any sort of way of being aware of the genealogy of that particular thought."

das ciências naturais – todavia, a partir dos desenvolvimentos da física quântica, nem mesmo essa ciência pode mais se ancorar em dados "objetivos", tornando-se probabilística.

Aquilo que é objeto de estudo e pesquisa do psicanalista não tem substrato material, e pode, quando muito, ser inferido a partir do que se observa com os órgãos dos sentidos. Inveja, ciúme, angústias não são observáveis, são inferidas. Sudoreses, agitação física, comportamentos violentos podem ser verificados com os sentidos, mas os sentimentos a eles associados e a realidade psíquica que lhes corresponderiam, não. Reações neurológicas podem ser mensuradas, mas o "*gap*" entre elas e a realidade emocional a que estariam associadas, a despeito dos esforços dos neurocientistas, não foi realmente transposto.

Quais instrumentos para a observação da realidade psíquica passam a ser uma das questões propostas por Bion. A própria ideia de objetividade nas ciências duras também é questionada, visto que o desenvolvimento dos instrumentos de mensuração e registro está comprometido com o funcionamento da mente humana – com o que ela pode perceber e verificar com o instrumental que dispõe, e com os problemas operacionais observados nas "neuroses" e "psicoses" que comprometem o uso do equipamento ou o próprio equipamento. É muita presunção considerar que a realidade existente corresponde àquilo que nossos sentidos podem captar, mesmo com instrumentos que ampliem milhares ou milhões de vezes esses sentidos. A realidade, seja ela o que for, não está comprometida com o espectro de alcance de nossos sentidos, ou com as dimensões que eles captam. Além do mais, como diz Bion, o registro fotográfico da fonte da verdade já está comprometido pela própria interferência do equipamento utilizado e da lama que este produziu, assim como da escolha do equipamento, das lentes, do ângulo utilizado, e, em última instância, ainda resta a interpretação de quem analisar o registro (Bion, 1962, Summary of Contents). E qual a garantia de que o registrado corresponde à realidade que procura registrar? Ele revela que a crença "objetiva" da correspondência do registrado com o real e da não percepção de que o registro está contaminado pela subjetividade de quem desenvolve o equipamento de registro (ele poder ter sido desenvolvido para que se registre e encontre o que se deseja encontrar, como uma das possibilidades) e a exclusão de que a leitura dos próprios registros implica uma interpretação subjetiva deles, leva os supostos cientistas a ter o mesmo funcionamento de pacientes psicóticos que acreditam que aquilo que percebem é igual àquilo que existe, sem distinção.

Essas questões quanto à possibilidade de haver conhecimento real há séculos vem atormentando filósofos como Platão, Descartes, Hume, Kant, Popper etc., com os quais Bion foi atrás de dialogar na sua busca por esclarecimento de como a mente humana opera na procura do conhecimento e do aprendizado.

Considerou que havia vantagem dos psicanalistas em relação aos filósofos e que os primeiros poderiam trazer grandes contribuições ao campo da epistemologia, por se ocuparem dessas questões de maneira prática, colocando suas hipóteses para verificação na experiência no atendimento de pacientes.

Como ciência, porém, o psicanalista encontra outro entrave além da questão do instrumento de captação e registro: a linguagem para registrar, descrever o observado e para transmitir, não só para o paciente, mas também para si mesmo e para os colegas, os fenômenos observados. Em física e química existe a linguagem matemática em que um registro como H_2O ou equações de reações químicas é compreensível para qualquer profissional dessas áreas. Em psicanálise, diz Bion, a linguagem utilizada para descrever fenômenos não materiais é uma linguagem concreta e se presta a muita confusão e mal-entendido. Outro problema é que essa linguagem, ligada a descrições narrativas, em geral não consegue transmitir a experiência emocional e a dimensão não sensorial da vivência, como acontece quando pessoas registram sonhos acordando à noite e, pela manhã, ao lerem o registro, percebem que o sonho, propriamente, não está lá, ou não conseguem recuperá-lo na sua essência, por mais bem escrito que esteja o registro. A psicanálise estaria como a música antes da invenção da pauta musical. Tudo aquilo que teria sido produzido musicalmente antes desse período pode ser apenas especulado, ou vem por tradição oral (mas como se pode saber se o registro oral que ficou tem alguma relação verdadeira com aquilo que havia na origem?). A *Quinta Sinfonia* de Beethoven começa com o famoso Tchan Tchan Tchan! Em psicanálise, temos o registro Tchan Tchan Tchan – mas qual é a experiência musical a que correspondem essas palavras que grafei? Sem a pauta, não é possível saber.[2] Com o desenvolvimento da notação musical (que também é uma linguagem matemática abstrata), pode-se recuperar em grande parte a experiência original da mente do compositor, assim como reproduzi-la mentalmente, mesmo na ausência dos instrumentos, para aqueles que têm familiaridade com essa linguagem, ou efetivamente tocando os instrumentos a partir do registro efetuado. Com alguns poucos símbolos matemáticos musicais podem-se registrar sinfonias inteiras e procurar reproduzi-las (cerca de 30% ainda estaria a cargo da interpretação do músico, segundo o maestro e apresentador da rádio Cultura de São Paulo Walter Lourenção – mas 70% é muito mais do que dispomos enquanto psicanalistas para nos comunicarmos). O músico pode

---

2 Essa analogia com a escrita musical é minha, não de Bion, mas penso que traduz de uma forma sucinta suas ideias. Ele se refere à escrita musical e à possibilidade de músicos ouvirem sons quando vêm os pontos negros impressos em papel, mas os modelos que utiliza são bem mais complexos e discorrem extensamente sobre o desenvolvimento do pensamento filosófico e matemático, dos pré-pitagóricos aos mais complexos construtos matemáticos, da física quântica, da astrofísica etc., a que teve acesso até o fim de sua vida.

operar na ausência dos instrumentos e propor novos arranjos musicais a partir da manipulação das notas, que, em última instância, também são registros de experiências emocionais – a clave inicial de uma pauta dá o tom emocional de uma composição, e as notas representariam experiências emocionais que seriam transmitidas por meio de registro gráfico e depois sonoro (tocado ou não, já que um músico, ao ver os pontos negros na pauta, ouve a música/ experiência emocional a que corresponderiam).

Bion menciona que a teoria do Édipo de Freud está enunciada de forma fraca, pois é muito ligada aos elementos narrativos da experiência de que foi abstraída, o que impediria o reconhecimento de novas realizações quando elas se apresentam (Bion, 1962, p. 77). Uma notação matemática para experiências químicas ou físicas em que se registra o essencial da situação possibilita que se encontrem novas realizações, na prática, para as equações. Em psicanálise, a situação edípica colocada nos termos mitológicos, em que o filho pretende matar o pai para casar com a mãe, dificultou que se alcançasse a questão do interdito, mais abstrata e mais essencial, nessa proposta científica. Os antropólogos na Polinésia refutaram a ideia de complexo de Édipo e sua universalidade porque não havia interdito de incesto com a mãe, mas havia outros. Como a formulação era literal, pai, mãe e filho/filha, os aspectos essenciais e abstratos não foram considerados, e houve a refutação da teoria do complexo de Édipo. Uma formulação matemática para a situação edípica que colocasse uma relação entre três em que um está excluído permitiria muito mais realizações dessa situação essencial para a mente humana do que sua formulação apoiada na narrativa mitológica, ou em situações concretas. O teorema de Pitágoras, como propõe Bion, seria um melhor registro dessa condição mental. Perdeu-se, segundo ele, a noção de que ele provém das experiências emocionais que levaram ao seu desenvolvimento. A abstração matemática teria perdido o contato com as experiências de que é oriunda. O 1, o 2 e o 3 são decorrências da percepção do eu e não eu – a verificação da existência do outro (seio/mãe) independente de si mesmo levaria à noção de 1 e 2. A frustração na ausência do seio levaria ao 3, e assim por diante.

Bion tentou, primeiramente, o desenvolvimento de uma grade na qual tentaria explicitar os elementos de psicanálise, os quais, como os elementos da tabela periódica da química, poderiam ser um registro não sensorial das experiências vividas. Uma mesma fala, dependendo de sua localização na grade, indicaria um grau de desenvolvimento e abstração das mentes em questão. Desde os mais concretos (com elementos beta), aos mais abstratos e sofisticados, como o cálculo algébrico. A narrativa pode ser absolutamente a mesma em palavras, mas a experiência emocional completamente diversa, dependendo da pauta musical que pudesse ser acoplada à narração de uma experiência. Conforme a pauta atribuída (ou a localização na grade da experiência considerada), ter-se-ia a percepção e a captação de situações emocionais e mentais completamente diversas, que poderiam ser comunicadas para o próprio autor do registro, para seus colegas familiarizados com essa linguagem (como ocorre com químicos e físicos ou entre músicos). A letra da música pode ser exatamente a mesma, mas, dependendo da pauta musical a ela associada, a comunicação e o registro de experiências emocionais podem indicar situações muito diferentes, ou mesmo antagônicas.

As diversas combinações possíveis dos elementos da grade, como os elementos da tabela periódica, poderiam indicar ou revelar a existência de objetos psicanalíticos, que seriam equivalentes a moléculas e compostos químicos, usando-os de forma metafórica, e não concreta, para me referir aos "compostos mentais".

O desenvolvimento dessa linguagem com a grade permitiria o trabalho na ausência da experiência analítica, assim como faz um músico que conhece a linguagem musical.³ Fazendo "exercícios de escala" ou de composição fora dos atendimentos, poderia recombinar os elementos de psicanálise supostamente surgidos numa sessão de outra forma, o que permitiria a antecipação de objetos psicanalíticos (como moléculas da química, ou acordes musicais) nunca antes verificados. A preconcepção da existência de objetos psicanalíticos nunca observados seria essencial para que pudessem ser observados caso se apresentassem. As ciências, ressalta Bion, se desenvolvem a partir da possibilidade de antecipar o que nunca foi visto, como a hipótese do Bosom de Higgins.

Em *Transformações*, conforme minha leitura, ele propõe que toda formulação matemática, como mencionei antes, é oriunda de realidades biológicas como as emoções⁴ e postula a possibilidade de se recuperar sua origem emocional de forma que possa ser utilizada para a comunicação de experiências emocionais em psicanálise e entre psicanalistas. Considerou, em *Cogitations*, que a psicanálise não poderia ser criticada por não ser científica, por não dispor de uma linguagem matemática. Do seu ponto de vista, ela é uma atividade científica, só que ainda precisa surgir um matemático que produza uma linguagem matemática para ela.

Em todo o seu trabalho, ele se ocupou dessa questão de comunicação e de transmissão. Considerou que a profusão de teorias psicanalíticas se dá muito mais pela não percepção do que haveria em comum e essencial naquilo que é descrito em diferentes

---

3 O músico que não dispõe dessa linguagem estaria como o psicanalista que só pode tocar ou compor na presença concreta dos instrumentos e dificilmente consegue reproduzir aquilo que "ouviu" em situação posterior, sem que sofra consideráveis transformações, até o ponto em que se perderia por completo a experiência original alcançada.

4 "procurei demonstrar que construções geométricas estavam relacionadas a realidades biológicas como as emoções e originalmente se esforçaram para representá-las" (Bion, 1977c, p. 105, tradução livre).

escolas, por conta das dificuldades de linguagem. Do seu ponto de vista, apenas algumas poucas teorias psicanalíticas já seriam essenciais e suficientes (ele as enumera, destacando ideias de Freud e Klein em seus livros). Também se inquietava em como transmitir aos seus analisandos a experiência emocional que gostaria de lhes comunicar e que eles percebessem. A comunicação eficaz do que teria apreendido levaria o analisando a "ver", viver, aquilo que seria transmitido, e isso teria a capacidade de produzir uma mudança no analisando, alcançando-o, tendo consecução, produzindo nele uma experiência emocional vívida, e não um entendimento intelectual, e inútil.

No final de sua vida, considera que quem mais se aproximaria de uma linguagem de êxito (*language of achievement*) seriam os grandes artistas e os poetas (com grande destaque para Shakespeare, Milton, Keats, Homero, Virgílio, entre outros), e que suas obras seriam o meio eficaz para a comunicação de *experiências emocionais*.

Em *A memoir of the future*, vale-se de personagens fictícios como Roland, Alice, Rosemary, Sherlock Holmes, Diabo, Tiranossauro, Estegossauro etc. e outros supostamente reais (como Psicanalista, Bion, Eu mesmo, feto de poucos meses, que corresponderiam a aspectos de si mesmo ou da mente) para falar da experiência de uma análise. O livro começa como se fosse um romance comum, em que personagens aristocráticos esperam na varanda de sua fazenda a chegada de um exército inimigo que ganhou uma guerra contra o Reino Unido. Da compostura inicial,[5]

---

5 Os personagens aristocráticos e *blasés* são submetidos aos serviçais, a patroa torna-se empregada da empregada, além de ficar mentalmente e sexualmente completamente submetida e devota à segunda, que por sua vez tem como característica uma maneira violenta de lidar com os fatos, muito ligada à sobrevivência física e material e sem acesso ou evitando o contato com qualidades psíquicas. As dimensões mais primordiais e violentas ocupam o espaço, uma

logo surge o caos e a ordem das coisas é subvertida, com todo um mundo primitivo e violento se apresentando.

Como a matemática e as ciências teriam se desenvolvido de forma estrondosa a partir do surgimento das coordenadas cartesianas, que teriam liberado essas ciências dos elementos sensoriais ligados à geometria euclidiana, com o surgimento de elementos sem contrapartida sensorial como os números negativos e imaginários que permitiram acesso a universos nunca antes supostos, ele também propõe, em seu livro *Uma memória do futuro*, que a consideração e respeito por personagens imaginários e a utilização de dimensões da mente de onde eles provêm seria tão fundamental para o desenvolvimento da psicanálise quanto os números negativos e imaginários (sem falar de outras formulações mais complexas e abstratas) o foram para as ciências físicas.[6] Nisso, encontramos um reflexo da obra de Beckett (que Bion atendeu nos anos 1930) e de Pirandello. Para Bion, alguns personagens, como Falstaff, de Shakespeare, seriam bem mais reais do que muitas pessoas que circulam pelo mundo (que, por sua vez, seriam meras imitações de existências, sem a chance de serem elas próprias).

Dar ouvidos e olhar para esses personagens imaginários, para as vozes que nos falam durante o dia e a noite, para as imagens que

---

imensa turbulência estabelece-se. Vai surgindo a figura do psicanalista, que faz uma intermediação entre os personagens (entre eles Bion e Eu Mesmo).

6 Em um curso de pós-graduação na Universidade de São Paulo (USP), mencionei a existência de equações matemáticas que eram matemática pura, sem qualquer contrapartida na experiência prática, as quais, entretanto, muitas vezes encontravam realizações em tempos muito posteriores às suas concepções. Na turma havia três alunos que eram físicos, e eles ilustraram minha fala com o exemplo de uma equação matemática que tratava da raiz quadrada de um número negativo (que mesmo matematicamente seria algo absurdo), postulada há cerca de dois séculos. Recentemente, segundo eles, essa equação encontrou uma realização naquilo que denominaram a quantificação do vácuo, fenômeno, ainda segundo o que ouvi, que se daria em um universo paralelo.

nos surgem em meio às nossas atividades, considerar os lugares em que "efetivamente teríamos estado e aquilo que teríamos visto" durante nossos sonhos, sem desqualificá-los como irreais, porque imaginários ou de sonhos, seria fundamental para a apreensão de realidades tão fundamentais quanto universos paralelos e outras fantásticas postulações da física atual e de inumeráveis dimensões por ela propostas, que se tornaram operacionais a partir de formulações matemáticas sem qualquer contrapartida sensorial, como os números negativos, imaginários, conjugados complexos, e assim por diante.

Lembro-me sempre de uma palestra dada na SBPSP há mais de trinta anos pela escritora Lygia Fagundes Telles, em que contou que seus livros e personagens iam surgindo involuntariamente, e ela começava a conversar, discutir e conviver com eles. Eles que ditam os seus rumos, não aquela que escreve. Dizia ir ao supermercado,[7] ao banco e resolver suas atividades diárias com essas conversas e discussões ocorrendo em sua mente. Se vissem o que se passava em sua cabeça, a internariam em algum hospício. Ela, porém, em vez de tentar se livrar dessas vozes e visões, instrumentava-as, permitindo que não só ela como seus leitores pudessem ter acesso a dimensões humanas que não seriam possíveis se a elas não fossem dadas voz e representação. O mesmo ocorria com Shakespeare (e com o fantasma em Hamlet, que este último decide ouvir em vez de rechaçar, permitindo-se ver tudo aquilo que somente o aceitando e ouvindo teria sido possível descortinar) e outros dramaturgos, que amarrariam em conjunções constantes por meio de seus personagens, dramas e poemas, algo equivalente às fórmulas matemáticas de que se valem a química e a física, que revelam ou

---

7 "A imaginação é de grande valia, sem ela você não pode vislumbrar seu caminho, mas ela não deve tornar-se um *substituto* para a vida real" (Carta aos filhos, Bion, 1985, p. 179).

ficam como preconcepções de realidades que, sem elas, não poderiam ser captadas e instrumentadas.

Retomo um episódio que narrei em um trabalho anterior (Castelo Filho, 2016), em que literalmente vi um homem passar entre mim e meu analisando durante uma sessão. O primeiro impacto ao ver tal figura, que desdenhava de mim, fazendo caretas, foi achar que tinha enlouquecido. Em seguida, contudo, considerei que seria uma forma de fazer-me ver algo que se passava ali, como o fantasma do rei se manifestou em Hamlet. A partir da aceitação dessa experiência e da possibilidade de verificar o que ela estaria comunicando, pude apreender dimensões de outra forma inabordáveis, permitindo a mim e ao meu analisando uma expansão e o alcance de questões[8] até então inacessíveis.

Referências

Bion, W. R. (1977a). Learning from experience. In W. R. Bion, *Seven servants*. New York: Jason Aronson. (Trabalho original publicado em 1962)

Bion, W. R. (1977b). Elements of psychoanalysis. In W. R. Bion, *Seven servants*. New York: Jason Aronson. (Trabalho original publicado em 1963)

Bion, W. R. (1977c). Transformations. In W. R. Bion, *Seven servants*. New York: Jason Aronson. (Trabalho original publicado em 1965)

---

8 Dimensões de sua personalidade que ele considerava diabólicas, infernais e inaceitáveis.

Bion, W. R. (1977d). Attention and interpretation. In W. R. Bion, *Seven servants*. New York: Jason Aronson. (Trabalho original publicado em 1970)

Bion, W. R. (1977). *Two Papers: the grid and caesura*. Rio de Janeiro, RJ: Imago.

Bion, W.R. (1985). *All my sins remembered – Another part of a life – and – The other side of genius – Family letters*. Abingdon, Inglaterra: Fleetwood Press.

Bion, W. R. (1988). *Estudos psicanalíticos revisados (Second thoughts)*. Rio de Janeiro, RJ: Imago. (Obra originalmente publicada em 1967)

Bion, W. R. (1992). *The long week-end*. Abingdon, Inglaterra: Fleewood Press.

Bion, W. R. (1991). *A memoir of the future*. London: Karnac.

Bion, W. R. (1993). *Second thoughts*. London: Karnac. (Publicado originalmente em 1967)

Bion, W. R. (1992). *Cogitations: Wilfred R. Bion*. London: Karnac.

Bion, W. R. (1997). *Taming wild thoughts*. (F. Bion, ed.). London: Karnac

Bion, W. R. (2013). Wilfred Bion: Los Angeles Seminars. London: Karnac

Castelo Filho, C. (2015). *O processo criativo: transformação e ruptura*. São Paulo, SP: Blucher.

Castelo Filho, C. (2016). Na fronteira da loucura: criatividade e o medo da insanidade. In C. J. Rezze, C. A. V. Camargo, & E. S. Marra (Orgs.), *Bion: transferência, transformações, encontro estético*. São Paulo, SP: Primavera. (Publicado originalmente na *Revista Brasileira de Psicanálise, 47*(2), 141-154, 2013)

7. Bion: o autor na obra

João Carlos Braga

A proposta para esta apresentação é descrever meu olhar sobre a conjunção entre o autor Wilfred Ruprecht Bion e a obra por ele criada. O campo que assim se abre é interessante e muito amplo, permitindo que o foco de meus comentários fique na integração de diferentes áreas, em vez de privilegiar o aprofundamento de cada tema. Em outra aproximação: vou procurar acompanhar diferentes períodos da vida de Bion, as questões psicanalíticas pelas quais estava então interessado e, por outro lado, as publicações assim surgidas. Essa perspectiva permite que percebamos a importância do homem e da obra, na contramão do ditado criado por Flaubert de que a obra é tudo e o homem (autor), nada. Imagino, mesmo, que o que acompanhamos com qualquer autor psicanalítico possa ter esta mesma conjunção que aqui privilegio, se tomarmos a obra como produto do desenvolvimento pessoal do autor.

Antes de entrar em considerações mais específicas sobre *o autor na obra*, quero destacar quatro pontos gerais, que penso acompanharem todo o desenvolvimento do que conhecemos sobre o pensamento de Bion:

1. Toda a obra de Bion é pessoal: sua advertência no prefácio do primeiro volume de sua autobiografia – *I write about me*" (Bion, 1982, p. 8) – vale não só para sua autobiografia pessoal, mas também para seus escritos científicos: seus textos são sempre um decantado de reflexões sobre suas experiências pessoais. Nesse sentido, poderíamos dizer que toda a sua obra é composta por três autobiografias: a pessoal (a trilogia *The long week-end, All my sins remembered* e *War memoirs*), a científica (seus livros psicanalíticos) e a ficcional (a trilogia *Uma memória do futuro*).

2. Com razão, Wilfred Bion é considerado um autor difícil. Além das dificuldades para apresentar a complexidade de sua visão da vida mental, há também a escolha de uma forma de comunicar suas elaborações que força o leitor a buscar suas próprias experiências pessoais para obter um sentido no que é por ele escrito. Assim, Bion estimula cada leitor a pensar por si, em vez de impor uma forma sua de pensar. Em uma de suas supervisões no Brasil,[1] Bion é explícito neste ponto, referindo-se a *Transformações*: "Se você ler este livro, você irá apenas entendê-lo quando perceber que está perfeitamente familiarizado com a experiência".

O que Bion escreve funciona como uma orientação para a pesquisa do tema pelo leitor, e não como uma compreensão oferecida para ser utilizada; ou seja, a *familiaridade com a própria experiência* é fundamental. Essa forma de Bion escrever vai ganhando mais consistência a partir de *O aprender com a experiência* (1962b), cada vez mais utilizando um método descritivo-analógico em vez do habitual explicativo-causal dos textos psicanalíticos e científicos.

---

[1] Supervisão D-14, transcrita de gravação e traduzida por José Américo Junqueira de Mattos, a quem agradeço a gentileza de poder referi-la.

Ou, em uma outra linguagem, mostra-nos como ele mesmo pesca para nos indicar um caminho, em vez de nos entregar peixes já pescados.

3. Também de *O aprender com a experiência* em diante, é importante perceber o método utilizado por Bion para expressar suas observações: adota uma maneira pouco usual em textos científicos, criando a coexistência de diferentes vértices no exame de um mesmo objeto. Assim, por exemplo, em *O aprender com a experiência* há ao menos cinco diferentes aproximações à concepção *elemento beta*. Uma comparação com esse método seria o amálgama de diferentes vértices visuais como na pintura cubista, por exemplo em *Guernica*. A questão mais difícil para o leitor passa a ser a tolerância à ausência de uma visão organizada em padrões com os quais sua mente está acostumada. D. Meltzer, por exemplo, em *Desenvolvimento kleiniano*, parte III (1978, p. 71), mesmo reconhecendo a utilização desse método, não deixa de se exasperar com essa forma de Bion comunicar suas ideias.

4. É fundamental pensar na obra de um autor olhando o seu todo. Neste sentido, poderíamos pensar na obra de Bion como uma obra com uma extraordinária coerência interna: não há nada sobrando, não há nada rejeitado, contribuições de diferentes períodos se complementam e vão surgindo, na sequência, como novas elaborações. Qualquer ponto dela pode ser identificado como pertencendo ao todo. Não perdem o sentido com o passar do tempo. É uma obra que está à nossa frente no tempo, mesmo passado meio século de suas principais formulações.

Para tentar dar conta daquilo a que me proponho, vamos nos orientar por um quadro sinóptico, que busca conjugar informações sobre o autor e a obra. Nele, vemos discriminada uma sequência de cinco períodos durante os quais evoluem seus interesses, seus pensamentos e seus escritos.

Quadro 7.1 Períodos de evolução dos interesses, pensamentos e escritos de Bion

Bion: o autor	Bion: a obra
1. Interesse por grupos (?-1979)	*Experiências com grupos* [1961 (1943, 1948-1951, 1952)]
2. Interesse pelo pensamento psicótico (esquizofrênico) (1950-1960)	*Estudos psicanalíticos revisados* [1967 (1950-1962)]
3. Período epistemológico (o aprender com a experiência) (1962-1979)	*O aprender com a experiência* (1962) *Elementos da psicanálise* (1963) *Transformações – do aprendizado ao crescimento* (1965)
4. Período ontológico (o contato direto com a realidade) (1965-1979)	*Transformações – do aprendizado ao crescimento* (1965) *Atenção e interpretacão* (1970)
5. Interesse na mente primordial (cesura) e no grupo interno (1976-1979)	*Artigos sobre a mente primordial* (1976-1979)1 *Uma memória do futuro* (1975, 1977 e 1979)
6. Publicações póstumas	*Cogitações* (1992) Autobiografia: *The long weekend* (1982) *All my sins remembered – The other side of genius* (1983) *War memoirs – 1917-1919* (1997)

Embora isso seja óbvio, lembro que o Quadro 7.1 dá artificialidade a algo vivo, pois, evidentemente, os períodos destacados não são estanques, havendo muito maior continuidade entre a forma de pensar entre um período e outro do que o quadro sugere.

O período de trabalho com grupos de indivíduos

Como Bion trabalhava na Clínica Tavistock desde 1932,[2] inicialmente como médico assistente e depois como psiquiatra, é lícito pensarmos que seu contato com grupos e sua dinâmica lhe era familiar bem antes de ser aproveitado na seleção de oficiais, em um trabalho como psiquiatra militar, durante a Segunda Guerra Mundial. Nessa função, Bion se destacou pelos resultados alcançados, assim como pela criação de novos métodos de seleção de oficiais baseados no funcionamento grupal, como os grupos sem líder. Também podemos conjecturar que em suas experiências pessoais anteriores, seja como interno em uma *public school* inglesa, entre os 8 e os 18 anos, seja como capitão de equipes de esporte (natação, polo aquático e rúgbi), tivesse já tido compreensões sobre o funcionamento de grupos, por aproveitamento de experiências ou por intuição. Suas características pessoais de curiosidade e criatividade, assim como algumas referências em *The long week-end*, podem apoiar essa ideia e mesmo ampliá-la para incluir observações sobre o grupo familiar em que nasceu e cresceu.

Podemos dizer que seu interesse por grupos de indivíduos e sua dinâmica permeou sua vida inteira, uma vez que, mesmo após passar a trabalhar como psicanalista e deixar o trabalho com grupos de indivíduos, nunca perdeu de vista a germinalidade do grupo interno (objetos internos) de cada indivíduo, em torno do qual a mente se organiza. Suas teorizações sobre o funcionamento mental, embora adotando a postura de que a mente é única, sempre apresentam uma visão de um grupo de funções em ação. Uma observação na introdução de *Experiências com grupos* é definitiva neste sentido:

---

[2] A fonte de informações sobre aspectos pessoais do autor, caso não citada especificamente, deve ser considerada como Bléandonu, 1990.

> Em minha prática como psicanalista, fico impressionado pelo fato de a abordagem psicanalítica, feita através do indivíduo, e a abordagem que estes trabalhos descrevem, efetuada através do grupo, tratarem de diferentes facetas do mesmo fenômeno. Os dois métodos fornecem ao profissional uma visão binocular rudimentar (Bion, 1961, "Prefácio").

Sua primeira publicação científica sobre grupos, em 1943, feita juntamente com John Rickman (seu ex-analista), é uma síntese elaborada a partir da experiência que ambos criaram juntos no Hospital Militar de Northfield (1942), para o qual Bion pedira transferência após forte decepção no departamento de seleção de oficiais, em Edimburgo: pelo reconhecimento de seu trabalho, Bion e sua equipe esperavam que ele fosse promovido e indicado para a direção geral das atividades de seleção de oficiais, em Londres, posto para o qual foi preterido. Em Northfield, passou a criar métodos de trabalho com soldados em recuperação de neuroses de guerra (*shell shocking*), com a finalidade de recuperá-los e permitir que voltassem para o fronte. Seus métodos e resultados rapidamente chamaram a atenção do mundo psiquiátrico, assim como também novamente logo foram silenciados. Ficou esse estudo, muito valorizado, uma síntese de uma experiência que é vista como a semente das comunidades terapêuticas.

Nessa época (1943), Bion era um psiquiatra de 46 anos, casado há cerca de três com uma artista de teatro em Londres, Betty Jardine, que experimentava um florescimento em sua carreira. Antes da guerra, Bion trabalhara na Clínica Tavistock e em seu consultório particular, tendo iniciado uma análise com John Rickman (1937-1939), como parte do projeto de fazer formação psicanalítica na Sociedade Britânica de Psicanálise. Essa busca veio após uma terapia de orientação analítica que, possivelmente, perdurou por cerca de sete anos com um conhecido terapeuta não analista, de orientação psicodinâmica, J. A. Hadfield, professor do University College (onde Bion estudou medicina) e membro da equipe inicial da Clínica Tavistock. Em descrições sobre sua personalidade, nesse período, Bion aparece como uma pessoa culta, sensível a criações artísticas e literárias, carregando uma aura de herói de guerra, uma vida com vários reveses e a fama de nunca fazer concessões em seu trabalho.

Após a Segunda Grande Guerra, Bion publica, entre 1948 e 1951, uma série de sete artigos sobre sua experiência com grupos, os quais alcançaram grande repercussão, passando a ser reconhecido como um analista já com contribuições próprias sobre a vida mental. Ao final de seu período de análise com Melanie Klein (e contra a vontade dela, que o queria dedicando-se à psicanálise individual), publica um terceiro estudo sobre grupos, agora utilizando-se do vértice kleiniano para examinar sua dinâmica. Esses trabalhos (1943, 1948-1951 e 1952), pela repercussão e demanda surgida, foram reunidos e publicados como seu primeiro livro, *Experiências com grupos*, em 1961.

Nos artigos de 1948-1951, Bion apresenta a compreensão, até hoje muito acatada, do funcionamento de um grupo como constituído por diferentes mentalidades, relativamente autônomas em seu funcionamento: uma mentalidade ajustada à realidade e à tarefa proposta (grupo de trabalho) e outras três (grupos de supostos básicos) sempre permeando o funcionamento grupal, caracterizadas pela prevalência de necessidades de dependência, luta e fuga ou acasalamento. Não é difícil perceber nessa formulação o destino do complexo de Édipo, como descrito por Freud (1912): uma parte da personalidade do indivíduo sofre as agruras dos conflitos edípicos e alcança uma integração com a realidade (o grupo de trabalho), enquanto outra parte não se desenvolve e permanece no inconsciente em seu estado inicial, como movimentos autônomos buscando manter uma relação de união com a mãe (suposto básico de dependência), uma relação de disputa com o pai (suposto básico de luta e fuga) e uma relação em que o par parental está acasalado e gerando o Messias (suposto básico de acasalamento), da qual o indivíduo está excluído. D. Meltzer (1985, p. 77) aproveita essa distinção feita por Bion para chamar a atenção para a diferença do trabalho da mente (grupo de trabalho) e do cérebro (mentalidades de supostos básicos).

Olhando a obra de Bion em seu conjunto, ganham destaque suas formulações sobre grupos e a similaridade delas com a mente do indivíduo. Essa visão, como apontado na citação anterior de Bion (de 1961), cria uma binocularidade rudimentar para o analista. Assim, não olhemos esse período de interesse por grupos como uma fase ultrapassada no desenvolvimento de seu pensamento, mas sim como o berçário de ideias que vão ganhar um fértil desenvolvimento nos períodos seguintes de sua obra.

O período de interesse pelo funcionamento psicótico (1950-1960)

Em 1946, Melanie Klein publicara seu trabalho seminal, *Notas sobre alguns mecanismos esquizoides*. Bion, em análise com Klein entre 1945 e 1953, fazia parte, necessariamente, do grupo de analistas kleinianos, dentro da distribuição ideológica em que a Sociedade Britânica estava então dividida. Como outros membros desse grupo (H. Rosenfeld, H. Segal, L. Grimberg, Elliot Jacques), Bion lançou-se na empreitada de estudar os processos mentais em esquizofrênicos e fronteiriços, tendo como ferramentas principais as teorias de Melanie Klein da identificação projetiva e das posições esquizoparanoide e depressiva. A suposição era de que assim estariam equipados para lidar com fenômenos psicóticos, da mesma forma que Freud, com as teorias da repressão e da sexualidade infantil, teve a seu dispor a chave para alcançar êxito no tratamento dos sintomas neuróticos.

Trabalhando nessa perspectiva, Bion apresentou sete trabalhos[3] entre 1950 e 1960, em que examina, cada vez com maior aprofundamento, o funcionamento do pensamento psicótico. São os textos reunidos, em 1967, no livro *Estudos psicanalíticos revisados* (*Second thoughts*), em que também vai rever, frente à teoria do conhecimento que desenvolveu entre 1962 e 1965, suas compreensões da época em que escrevera cada um desses trabalhos.

É possível acompanhar duas linhas evolutivas pela leitura sequencial desses trabalhos. Primeiro, a progressiva inclusão de ângulos originais em suas compreensões dos fenômenos psicóticos, baseados nas teorias kleinianas, mas também indicando o desenvolvimento de pensamentos próprios. Em segundo lugar, o progressivo enfoque nos processos de pensamento e suas distorções nesses analisandos, em vez de privilegiar a ação de forças instintivas e de defesas primitivas em suas manifestações psíquicas. Essas duas linhas evolutivas podem ser reunidas na visão de compreensões sobre o processo de pensar em si mesmo, dando-lhe base para seu movimento científico seguinte: o desenvolvimento de uma ampla teoria do conhecimento (1962-1965), que modifica a aproximação do analista com a vida mental ao mudar o foco do analista de "o que pensamos" para "como pensamos".

---

3 "O gêmeo imaginário", "Notas sobre a teoria da esquizofrenia", "Desenvolvimento do pensamento esquizofrênico", "Diferenciação entre a personalidade psicótica e a personalidade não psicótica", "Sobre alucinação", "Sobre arrogância" e "Ataques ao elo de ligação".

É possível acompanhar o cuidadoso preparo que Bion fez entre 1958 e 1962 para dar esse passo por meio das anotações e rascunhos que ocupam praticamente a primeira metade de *Cogitações* (1992). Estudos sobre os processos oníricos intercalados com resumos sobre o método científico, lógica, exame de situações extraídas da prática clínica vão se sucedendo, até ganharem síntese na formulação da teoria do pensar.

Afora o que é assim iluminado em *Cogitações*, vale a pena ter em mente uma importante situação emocional nesse desenvolvimento do pensamento de Bion. Tanto Bion quanto Melanie Klein eram personalidades com extrema noção do valor de suas individualidades, o que deve ter facilitado o surgimento de pontos de divergência na busca de cada um preservar os pensamentos próprios. Grosskurth (1986) comenta que, em sua busca de análise com Melanie Klein, Bion teria imposto a condição de que "ele seria ele mesmo em questões de pensar e reagir" (p. 427, tradução livre)[4] para analisar-se com ela. O que ela teria aceito. Há pouco tocamos em outro conflito entre ambos, sobre a publicação ou não dos textos de Bion sobre grupos, à qual ela seria contrária. Outras situações, nesse mesmo sentido, podem ser acompanhadas nas cartas de Bion a sua esposa, por exemplo na carta de 26 de julho de 1955:[5] Melanie Klein era líder do mais expressivo grupo de analistas da Sociedade Britânica e cobrava fidelidade deles a suas (dela) ideias (Grosskurth, 1986, p. 424 e seguintes); mas Bion não era pessoa de se submeter. O movimento para desenvolver suas próprias ideias sobre psicanálise estava crescendo dentro dele (por exemplo, a inclusão progressiva de visões psicanalíticas próprias nos artigos de 1950 a 1960, assim como suas anotações hoje disponíveis em *Cogitações*). Bem, Melanie Klein morre em 1960, e Bion fica mais

---

4 Em inglês: "... condition that he was his own person when it came to thinking and reacting".
5 *All my sins remembered - The other side of genius*, p. 117.

livre da cobrança de manifestar fidelidade ao pensamento kleiniano; publica suas próprias investigações, o que nos leva ao período seguinte de desenvolvimento de seus pensamentos.

A criação de uma sólida base epistemológica (1962-1979) – O aprender com a experiência

A apresentação de seu artigo *Uma teoria sobre o processo de pensar* (1962a) e do livro no qual elabora essas ideias, *O aprender com a experiência* (1962b), constituem a primeira das duas revoluções que Bion trouxe para o pensamento psicanalítico. Podemos considerar que seja a construção de uma concepção da mente centrada na emoção, que D. Meltzer (1978, p. 52) aponta ser a primeira concepção sobre a mente centrada nas emoções a surgir dentro dos limites do campo psicanalítico.

Quanto a *Uma teoria sobre o processo de pensar*, apresentado no Congresso de Edimburgo de 1961, há uma versão que corre boca a boca entre nós, na SBPSP, referida como presenciada e contada pela professora Virgínia Leone Bicudo.[6] Após Bion ter feito a apresentação de seu trabalho, oralmente, o coordenador da mesa teria jogado no chão, desdenhosamente, o texto que Bion lhe dera, com a afirmação de que "isto não é mais psicanálise". Retomo essa pequena estória com o objetivo de chamar a atenção para o impacto que causou/causa essa proposta de Bion e as dificuldades que esta encontrou/encontra ao ser vista como um afastamento do pensamento psicanalítico tradicional.

---

6 Paulo Cesar Sandler atesta a veracidade dessa descrição, tendo-a ouvido da própria professora Virgínia e a conferido com a sra. Francesca Bion (comunicação pessoal). Refere-a em *In Memoriam*, publicação da SBPSP dedicada à professora Virgínia (Sandler, 2004, p. 35).

Embora aqui apresentada como referindo-se ao período entre 1962-1979, isto é, até a morte de Bion, tenha-se presente que mesmo representando uma nova forma de pensar a mente, esta não é apresentada pelo autor como uma teoria para substituir as teorias freudiana e kleiniana. Longe disso, e mesmo ao reverso disto, Bion aponta a teoria do pensar e sua aplicação clínica como um desenvolvimento de teorias freudianas e kleinianas, as quais tem o cuidado de identificar e mostrar o uso que delas passa a fazer. Esse conflito continua fácil de acompanhar hoje, quando percebemos o uso que diferentes autores fazem do conjunto Freud/Klein/Bion. Autores que partem de Freud e de Klein enxergam maiores diferenças entre Freud/Klein, de um lado, e Bion, de outro, tratando a contribuição de Bion como uma ruptura com os dois primeiros autores; por sua vez, autores que partem do pensamento de Bion têm facilidade para perceber a continuidade e a base comum entre os três autores. A diferença mais acessível está no que Bion chamou de *diferentes tipos de "situação analítica"* (1965, p. 128): para Bion, o que ocorre na sala de sessões, nas experiências compartilhadas entre analista e analisando, é o fulcro do trabalho analítico, mesmo que este possa se desdobrar em diferentes dimensões. Para contrastar essas duas formas de pensar, poderíamos assinalar a ênfase de Freud e de Klein no intrapsíquico do analisando, em seus desdobramentos na relação analítica, assim como nos objetos internos e externos do mundo deste.

O cerne do pensamento de Bion, nesse período, está na teoria dos processos do pensar, exposto em *O aprender com a experiência* (1962b). Nela podemos acompanhar a criação de um sistema formado por quatro teorias que se conjugam: teoria da relação continente-contido (baseada na teoria da identificação projetiva de Klein), teoria da experiência emocional (teoria original sua), teoria da consciência (baseada em Freud) e teoria da função alfa (teoria original sua). O que aqui encontramos é a formulação de um modelo psicológico da mente, que D. Meltzer (1984, p. 39-51) nos aponta ser o primeiro modelo psicológico contido no pensamento psicanalítico, contrastando com os modelos criados por Freud e por Klein, identificados como de base biológica.

Tendo formulado e publicado essa teoria, Bion passa a estar com o mesmo problema de Galileu ao este se dar conta dos movimentos dos astros no firmamento: a criação de instrumentos que pudessem permitir-lhe um exame mais cuidadoso de suas observações e ideias. No caso de Galileu, a luneta; no caso de Bion, o desenvolvimento de teorias da observação psicanalítica, o que ocorre com a criação da grade e a aplicação da teoria dos grupos de transformações ao campo psicanalítico. Esses dois passos de Bion foram desenvolvidos em dois livros que formam uma trilogia sobre o processo de conhecer, juntamente com *O aprender com a experiência* (1962b): *Elementos de Psicanálise* (1963) e *Transformações – Do aprendizado ao crescimento* (1965). Possivelmente, foi no desenvolvimento da grade que Bion alcançou a aplicação na psicanálise da teoria dos grupos de transformações, pois, no artigo de 1963, "A grade", encontramos presentes as ideias centrais de *Transformações*. Com esses recursos à disposição, Bion lança-se a examinar experiências clínicas, alcançando graus de abstração antes só encontrados na psicanálise em autores como Freud e Melanie Klein. Vamos detalhar um pouco essas duas ferramentas.

A ideia *grade* pode ter várias fontes de inspiração, não explicitadas por Bion. A tabela periódica dos elementos químicos de Mendeleiev parece ser a mais óbvia. No entanto, a *truth table*, de Gotlob Frege, recurso para checar a veracidade de uma afirmação, muito possivelmente pode ter chamado a atenção de Bion pelo interesse dele neste autor. Na matemática, a construção da grade é muito semelhante a uma matriz algébrica retangular; e sabemos que Bion estudou cuidadosamente a teoria dos grupos em matemática, em livros de James Sylvester e de Arthur Cayley,[7] autores que desenvolveram a teoria das matrizes e das invariantes.

Em seu uso e na organização em um eixo horizontal e em outro vertical, fica a semelhança com as coordenadas cartesianas e sua função de permitir o registro de um movimento de um objeto, ao conjugar espaço e tempo. Neste último sentido, a grade tem um papel de extrema utilidade na clínica, na pesquisa dos movimentos mentais (por exemplo, de uma ideia), ultrapassando, assim, a limitação das formulações estáticas como retratos de manifestações mentais.

Quanto à teoria dos grupos de transformações, embora sem uma indicação explícita de Bion, fica a impressão de que o autor foi inspirado pela teoria matemática que tem este mesmo nome, desenvolvida por Marcus Sophus Lie, em fins do século XIX. A importância dessa teoria foi permitir o cálculo matemático dos movimentos de um objeto e, mais importante ainda, sua aplicação, por Felix Klein, na discriminação entre as várias geometrias surgidas a partir do século XVIII, após quase dois milênios da existência única da geometria euclidiana. Há uma semelhança importante entre o problema que F. Klein tentou resolver (a discriminação entre várias formas de geometrias, todas úteis) e o que a psicanálise vivia nas décadas de 1950 e 1960, em que floresciam diferentes formas de pensamento psicanalítico. Com a teoria dos grupos de transformações, fica possível identificar cada teoria psicanalítica pelo exame de suas transformações e invariantes. Nesse argumento, um dado nada desprezível é a utilização, por Bion, dos termos *transformações em movimento rígido* e *transformações projetivas*, termos próprios à geometria algébrica projetiva, tornando

---

7 Paulo Cesar Sandler conta que teve a oportunidade de examinar esses livros na biblioteca de Bion, por gentileza da sra. Francesca Bion, referindo neles anotações com a letra de Bion, à margem dos textos (comunicação pessoal).

facilmente sobreponíveis formas de transformações psicanalíticas e esses conceitos matemáticos.

O período ontológico (1965-1979)

Se a primeira revolução trazida por Bion ao pensamento psicanalítico foi longamente pesquisada, refletida e amadurecida, esta segunda surge como súbita e imprevista, possivelmente produto do acúmulo de experiências pessoais do autor, convergentes ao que passou a postular. Durante a preparação de *Transformações* (1965), ao discriminar as diversas formas de transformações, Bion pode ter tido captações que o deixaram convicto da possibilidade de alcançar maior crescimento mental pelo contato direto com a realidade psíquica do que por meio da mediação dos processos de Conhecer: podemos *ser ou tornarmo-nos a realidade*, colocarmo-nos diretamente em uníssono com ela. Um pensamento extraviado que encontrou um pensador? É possível traçarmos a origem desse pensamento em Platão, visível no mito da caverna e na exortação para que os homens se desacorrentassem e buscassem o contato com a luz. Enterrado por séculos, esse pensamento ressurge subitamente com Bion na psicanálise, possivelmente após breve estadia no modelo de mente geográfico-teológico desenvolvido por Melanie Klein (Meltzer, 1984, p. 42). Podemos nos desacorrentar do *Conhecer* e nos voltarmos para a *Origem* ("O"), para a luz, para a essência do ser? Esta passa a ser a questão central para o analista que se interessar por esta proposta.

Dito de outra forma: Bion rompe com os limites do pensar **do** pensador (formar e manejar pensamentos) e passa a investigar o potencial clínico das transformações em *ser ou tornar-se a realidade*, a possibilidade de ser encarnado por pensamentos **sem** pensador. E, pela segunda vez, amplia enormemente o alcance do campo analítico, agora ao infinito desconhecido, "vazio e sem forma".[8] Mas não nos esqueçamos que esta é também a parte ainda hoje questionada de sua obra (*The late Bion,* "o último Bion"): se a primeira revolução (a teoria do conhecimento) foi bem assimilada na corrente maior do pensamento psicanalítico, esta conjunção do indivíduo com a realidade, no trabalho analítico, continua fora dos limites do campo analítico para a grande maioria dos psicanalistas.

É importante que fique claro que o interesse pela busca do contato direto com a realidade não substitui o desenvolvimento mental advindo da formação de pensamentos pelo pensador. Embora apresentadas como tendo um valor terapêutico maior que as transformações em *Conhecer* (1970, p. 41), as transformações em *ser ou tornar-se a realidade* são uma forma a mais de transformações e dependem de um desenvolvimento suficiente da personalidade que possa conter as evoluções da Origem. Embora após 1965 praticamente desapareçam de seus textos as referências à teoria do conhecimento, ficando o interesse de Bion focado nos processos de contato direto com o que evolve da realidade última (transformações em O), o exame de suas mais de 130 supervisões realizadas no Brasil (1973, 1974, 1975, 1978), coletadas e transcritas por José Américo Junqueira de Mattos, nos demonstra claramente como Bion continuava a se valer, para pensar a clínica, tanto da teoria do conhecimento (1962-1965) quanto da proposta de ser possível um contato direto com a realidade (transformações em O).[9] Assim, estamos considerando que, embora formulações bastante distintas, elas convivem dentro da visão de uma mente multidimensional.

---

8 Palavras de Milton, citadas por Bion nos capítulos 11 e 12 de *Transformações* (1965) para descrever as emanações da realidade no processo de criação.
9 Ver também, para este argumento, o verbete *Illumination* em *A key to A memoir of the future* (Bion, 1981).

Para dar este passo em direção a *ser ou tornar-se a realidade*, Bion necessitou de uma ampliação e de maior discriminação do que ele mesmo estava denotando como *realidade*.[10] Assim, podemos acompanhar Bion utilizando três sentidos diferentes para Origem, dentro de seu método de coexistência de múltiplos vértices. Inicialmente – e em várias passagens posteriores –, o sentido atribuído a O é o de realidade última, incognoscível, como formulado por Kant (1965, p. 28, 1970, p. 41, 1992, p. 325). Utiliza a inicial O como notação para Origem[11] (Bion, 1965, p. 30) – assim como o fez para K e *Knowledge*, T e *Transformations*, L e H para *Love* e *Hatred*. Em um segundo sentido, em *Transformações* (1965, Cap. 11, p. 169), adota o vértice platônico e nos diz: "proponho estender a expressão O, para abranger o âmbito da realidade e o tornar-se". Ou seja, O passa a significar tanto a realidade última, humanamente inalcançável, quanto a realidade humanamente alcançável pelo *ser ou tornar-se a realidade*, como na distinção entre **Verdade** (absoluta) e **a verdade** (relativa às condições do indivíduo). Já em seguida, no Capítulo 12, em um terceiro sentido, O é aproximado de "'divindade', deus e 'suas' encarnações" (1965, p. 176), o que nos indica agora o vértice do platonismo cristão. Bion apoia-se em Eckart: "Deus na Divindade é substância espiritual, tão elementar que disto nada podemos falar" (Bion, 1965, p. 152) e "a Divindade é Trevas e Ausência de Forma, contendo todas as qualidades ainda não desenvolvidas" (Bion, 1965, p. 176). Neste terceiro sentido, *realidade última* (O) é algo pelo qual o ser humano pode ser encarnado, embora continue sem a poder *conhecer*: diferencia Deus (*God*) e divindade (*godhead*), sendo *Deus* a realidade última in-

---

10 Como em tantos outros aspectos de seu pensamento, é em *Uma memória do futuro*, vol. III, que possivelmente encontramos a mais simples das formulações de Bion sobre a realidade que *conhecemos* e a realidade que *é*. Ver Bion, 1979, p. 98.
11 *Origin*, no original inglês.

cognoscível e *divindade* a qualidade divina que pode encarnar no indivíduo.

Na prática clínica, Bion passa a explorar como e o que fica acessível ao analista, na *Origem*. Nos dá indicações técnicas sobre como prepararmos nosso espírito para viver este contato com a realidade que vai permitir o crescimento (amadurecimento) da personalidade:

i) postura analítica: sem memória, sem desejo, sem compreensão (*Cogitações*, 1967, pp. 301-303);

ii) evitar recorrer a afirmações coluna 2 (*Transfomações*, 1965, p. 164);

iii) utilização de interpretações complementares (*Transformações*, 1965, p. 167). Busca de criar conjunções constantes pela inclusão de intervenções que "apresentem" material da Origem;

iv) adoção da atitude socrática de investigação: revela-se a presença do conhecimento por perguntas simples e perspicazes, na busca de trazer à luz o conhecimento pré concepção.[12] Uma boa ilustração dessa postura é revelada por meio das respostas do personagem P.A., em *Uma memória do futuro*, vol. 3. Vale a pena, nesse sentido, notar a aproximação feita por Bion entre esse seu texto e o diálogo descrito por Platão em *Fédon* (1979, p. 71) Mênon;

v) privilegiar a identificação do elemento invariante, desconhecido (O) da conjunção constante O, Ta, Tb + L ou H ou K (*Transformações*, 1965, p. 83), mediante as transformações conhecidas (Ta e Tb) e a experiência emocional

---

12 Grafei sem hífen, seguindo a diferença feita por Bion (1963) entre uma fase no desenvolvimento de pensamentos (pré-concepção, linha 4 da grade) e a formulação de um estado emocional (preconcepção, colunas 3 e 4 da grade).

identificada pelo analista (L, ou H, ou K). De posse do conhecimento de Ta, Tb, L ou H ou K, conjectura-se O.

As exigências para essa mudança, na prática clínica, são basicamente para com o analista; não há mudanças em relação ao método psicanalítico ou a demandas ao analisando. O analista precisa ampliar o campo de sua atenção de forma a privilegiar os tênues sinais daquilo que está evolvendo da Origem – do desconhecido, do que está buscando existir – em detrimento da identificação de associações livres, de conteúdos protomentais projetados identificatoriamente, de fatos selecionados ou do "sonhar os eventos imediatos da sessão"; conjunção constante passa a ser a nova consigna. Um modelo poderia ser a diferença, para um pesquisador, entre estar trabalhando em seu escritório com dados já coletados ou estar em campo, coletando-os. *Estar em campo*, aqui, implicaria deslocar-se para um *habitat* natural, onde as manifestações de surgimento da vida podem ser acompanhadas, como em um ecossistema rico, como o criado na foz de um rio com o mar, com os vários biomas ali surgidos: aquático, anfíbio, terrestre, aéreo.

Mantendo-se o postulado de que existe uma realidade última, inalcançável à percepção sensorial e ao conhecer, mas inteligível e passível de ser vivenciada pelo indivíduo, fica também evidenciada a proposta de que todas as manifestações que alcançam nossa mente estão ancoradas nesta realidade desconhecida; tudo a que temos acesso são transformações dela, muitas vezes de outras transformações. Mesmo as transformações em *ser ou tornar-se a realidade* são transformações desta Origem incognoscível que podem ser vivenciadas e que, secundariamente, alcançam a dimensão do Conhecer e se articulam com estruturas mentais já desenvolvidas, caracterizadas por ocorrerem em um meio de emoção (*sendo*).

Seguindo o pensamento exposto por Bion, a partir de *Transformações*, podemos identificar diferentes manifestações desta incognoscível Origem acontecendo em meios de pensamento ("K"), não pensamento ("-K"), falso pensamento (alucinose) e *sendo*, criando a possibilidade de irmos "mapeando-as":

i) Pré-concepções inatas (categorias em Kant, herança filogenética em Freud) do seio, Édipo e *self*.[13] Na pré-concepção do seio, os "psicomecanismos" de relação de continente e contido e de oscilação EP ⇔ D são seminais ao processo de pensar; na pré-concepção do *self*, destaque para a função psicanalítica da personalidade, que permite o contato com a realidade psíquica; já na pré-concepção edípica, são os vínculos integrados de amor, ódio e de conhecer (a tolerada exclusão à existência do par fértil) que ganham destaque.

ii) As pré-determinantes do alucinatório: os mesmos vínculos de amor, ódio e de (in)tolerância à exclusão, agora não integrados e operando independentemente, de forma semelhante ao que encontramos nos fenômenos de supostos básicos de grupos (dependência, luta e fuga e acasalamento).

Na base do encontro de uma pré-concepção edípica íntegra (item i desta lista) e outra fragmentada (este item), a

---

13 Há diferenças, entre nós, sobre o conceito de pré-concepção do *self*. Paulo Cesar Sandler, em *The language of Bion – A dictionary of concepts* (2010), identifica na obra de Bion apenas as pré-concepções do seio e de Édipo. José Américo Junqueira de Mattos (1995) aponta, na obra de Bion, além destas duas, a pré-concepção do *self* (*self* é utilizado por Bion em seu sentido coloquial de personalidade). Ver a frase em *A theory of thinking* (1962a, p. 114): "Some preconceptions relate to expectations of the self. The pre-conceptual apparatus is adequate to realizations that fall in the narrow range of circumstances suitable for the survival of the infant". Independentemente da interpretação desta frase de Bion, me faz sentido pensar que este autor operasse com este conceito (pré-concepção do *self*), pela necessidade lógica de termos um núcleo de origem para a sempre presente busca de existência de um *self* verdadeiro.

ideia de que uma parte da personalidade sofre as dores do complexo de Édipo e se desenvolve e de que outra parte permanece sem se desenvolver, agindo como o que será identificado como manifestações primitivas da vida mental e cuja integração será uma tarefa do indivíduo para sua vida toda, assim como em sua análise pessoal (Freud, 1912; Money-Kyrle, 1967). Também é sedutora a ideia de que, segundo o conceito de *tropismos*, as matrizes da mente (Bion, 1992, p. 47, 1965, p. 124) (assassinar ou ser assassinado; parasitar ou ser parasitado; criar ou ser criado), estes sejam vistos como precursores da situação edípica ou como destroços da implosão desta mesma pré-concepção.

Tenha-se em mente que estas questões aqui reunidas como possivelmente convergentes (supostos básicos, pré-determinantes do alucinatório, tropismos) constituem ainda um campo aberto à investigação. Neste sentido, vale a pena também aproximarmos uma ideia de Bion, de 1952, em *Experiências com grupos*, em que os supostos básicos são vistos como defesas contra uma condição arcaica, quem sabe uma cena primária: "os fenômenos de suposição básica parecem muito mais possuírem as características de reações defensivas contra a ansiedade psicótica e não se acharem tão em variância com as opiniões de Freud como serem suplementares a elas" (Bion, 1961, p. 176).

iii) A mente primordial: restos "embriônicos" de experiências pré-natais, não passíveis de serem registrados em um córtex cerebral formado por neurônios não mielinizados, mas que deixam marcas em órgãos como tálamo, adrenais e gônadas, aparecendo na vida pós-natal como manifestações com indiferenciação entre corpo e mente. Entre 1976 e 1979, Bion foi chamando nossa atenção para manifestações de uma consciência moral primitiva, para terrores do ser só e dependente, assim como para impulsos que urgem para existir.

iv) Pensamentos sem pensador, especialmente pensamentos selvagens.

v) Movimentos buscando o *ser ou tornar-se a realidade*, com a personalidade colocando-se em uníssono com a realidade psíquica. Vamos aqui distinguir entre movimentos "homeopáticos" e "disruptivos". Em "homeopáticos", incluo a ideia de que, havendo vínculos verdadeiros entre analista e analisando, independentemente do referencial teórico que o analista valorize, estará acontecendo a formação de um tecido de constituição do ser. Quanto aos "disruptivos", imagino-os como revelados pelo surgimento de estados de terror, mudanças temidas ou vividas como catastróficas, em momentos de desmantelamento de organizações vigentes na personalidade e no surgimento de novas organizações. Nesta condição, a descrição de O, em *Atenção e interpretação*, parece-me solar e merece ser ressaltada:

> *Assim considerada, a análise total pode ser vista como uma transformação na qual aconteceu uma explosão emocional O, catastrófica e intensa (elementos de personalidade, vínculos e uma segunda personalidade foram instantaneamente expelidos a uma vasta distância, tanto em relação a seu ponto de origem, como em relação a um elemento para com outro. O evento explosivo O é então transformado em Tpb, por intermédio de acting--out e em virtude de elementos-beta; em Tpb o espaço é restritivo e não se presta a formulações adequadas de distância entre os elementos-beta (Bion, 1970, p. 30).*

Aqui encontramos a discriminação entre os temores a mudanças catastróficas e as vivências de mudanças catastróficas: as "temidas" têm a ansiedade contida; as "vividas", não.

Interesse pela mente primordial e pelo grupo interno (1976-1979)

Uma primeira característica marcante do pensamento psicanalítico desse período final de vida de Bion são as observações sobre uma dimensão na mente humana na qual registros de experiências da vida fetal permanecem ativos, como restos embriônicos presentes no soma.

Como uma conjectura que dá realce à importância das ideias desenvolvidas por Bion nesse período final de sua vida, podemos pensar que, caso ele tivesse tido mais uns cinco anos de vida produtiva, possivelmente teríamos à nossa disposição, hoje, uma maior exploração da importância desta forma primordial de funcionamento psíquico, constituindo uma terceira revolução ao pensamento psicanalítico, ao lado das revoluções da sólida base epistemológica e da expansão ontológica. Uma afirmação explícita do próprio Bion também destaca essa importância:

> *Esta me parece ser uma das descobertas fundamentais da psicanálise: estados mentais arcaicos, pensamentos e ideias arcaicas, padrões primitivos de comportamento, tudo isto pode ser detectável em pessoas mais civilizadas e cultas já que, em pessoas mais primitivas é de se esperar que estejam menos camufladas (Bion, 1977, p. 53).*

Bion baseia esta hipótese em sua experiência clínica e sugere a incorporação de um novo domínio para a investigação psicanalítica, a dos estados mentais primordiais de indiferenciação corpo/mente em indivíduos que alcançam a dimensão simbólica e que mostram-se funcionando mentalmente em um nível de relações objetais.

Após 1976, em artigos,[14] seminários[15] e supervisões,[16] assim como em *Uma memória do futuro* (1979), Bion incluiu referências a manifestações de estados primordiais da mente, como que de uma parte somática da mente, separada da mente simbólica/protossimbólica pela cesura do nascimento. São registros inalcançáveis, se usamos nossos recursos da mente simbólica, mas não se nos deixarmos ficar abertos a manifestações estranhas ao domínio do simbólico. Bion as trata como condições "fundamentais" e "básicas" no desenvolvimento humano, sempre presentes no psiquismo como vestígios de estados arcaicos.[17] Para apresentar essas ideias, Bion se valeu, em diversos contextos, do modelo da presença de restos embrionários no corpo humano, como os vestígios caudais e branquiais.

Em seus escritos, seminários e supervisões, Bion aponta três formas de manifestações deste âmbito primordial da mente: estados de mente de "ser só e dependente" (*"being all-alone and dependent"*), "o impulso urge para existir" (*"the impulse urges to exist"*) e

---

14 "Cesura" (1977 [1975]), "Experiência emocional" (1976), "Sobre uma citação de Freud" (1976), "Evidência" (1976), "Como tornar proveitoso um mau negócio" (1979).
15 Nos três primeiros seminários em Los Angeles (1976), no quarto e quinto seminário em Nova York (1977), do quarto ao oitavo seminário em Roma (1977) e do quinto ao sétimo seminário em São Paulo (1978).
16 Principalmente nas supervisões no Brasil em 1978, coletadas, traduzidas e transcritas por José Américo Junqueira de Mattos, identificadas como A5, A6 e S12.
17 Supervisão S12, São Paulo, 1978.

a existência de uma "consciência moral primitiva" (*"primitive conscience"*). Bion qualifica estas ideias como conjecturas imaginativas (Bion, 1981, verbete *Thalamus*) e esta é uma qualificação que mesmo hoje continua a ser adequada: continuam a ser ideias aguardando a aquisição de maior massa crítica para permitir-nos nelas pensar. Ele mesmo deixou estas hipóteses sem um maior desenvolvimento epistemológico, mantendo-as ao nível descritivo-analógico. Vale a pena pensar nelas como representando a descoberta de uma nova dimensão do psiquismo, que ganha sentido uma vez integrada na grande plataforma formada pelo aprender com a experiência e pelas vivências de contato direto com a realidade psíquica.

Entre nós, essas manifestações têm sido exploradas de duas maneiras diferentes. Junqueira de Mattos e Braga (2009) a desenvolveram teórica e clinicamente dentro do pensamento formulado pelo próprio Bion, destacando os fenômenos indicativos de uma consciência moral primitiva; e Célia Fix Korbivcher (2002, 2009, 2010) desenvolveu a hipótese dessa condição primordial ser a base de manifestações encontradas na clínica sob a forma de transformações autísticas e de transformações não integradas, ao aproximar a teoria das transformações de Bion e as teorizações de Frances Tustin sobre estados autísticos e de Esther Bick sobre fenômenos não integrados, respectivamente.

Uma segunda característica marcante desse último período de vida de Bion é o desenvolvimento de ideias sobre a continuidade, na vida adulta, de elementos psíquicos primordiais funcionando como um grupo interno na personalidade, o que ganhou forma em sua autobiografia ficcional *Uma memória do futuro* (1979), principalmente no volume 3. Em uma aproximação simples, mostra como a visão de Bion sobre o funcionamento grupal perpassa toda sua obra, em um constante aprofundamento, desde os trabalhos iniciais sobre grupos de indivíduos até alcançar, nesse período final, o reconhecimento de que, mesmo antes do nascimento, a vida psíquica se organiza em um sistema de multiplicidade de vértices e de camadas de desenvolvimento.

Três observações finais

Embora considerando que essas observações são óbvias – e, assim, desnecessárias –, prefiro deixar claras três posições a serem consideradas ao sopesar os comentários até aqui feitos.

A primeira é que as compreensões apresentadas carregam as marcas de interpretações pessoais minhas sobre os escritos de Bion e, frequentemente, sobre interpretações minhas de interpretações de outros autores sobre os escritos de Bion. Não considero possível ser suficientemente fiel ao autor original e às ideias que ele comunica a ponto de atribuir responsabilidade a ele de minhas observações. Considero inevitável, principalmente se tratando de Bion, que as transformações de seus textos, feitas por qualquer leitor, por mais bem ancoradas que sejam, possam ser tomadas como fidedignas. Afinal, trata-se de um autor que exige que contribuamos com nossa própria experiência para alcançarmos a experiência que ele busca comunicar.

Acrescente-se a isso, em segundo lugar, estar ele, frequentemente, utilizando, como método para comunicar suas observações, a adoção de uma multiplicidade de vértices como pontos de visão para suas descrições, o que exige do leitor um trabalho pessoal de síntese ou de escolha do vértice privilegiado, o que também nos remete à inevitabilidade de elaborações individuais. Como cuidado para diminuir essa dificuldade, sempre que possível, apontei as referências em que me baseei, para quem tiver interesse em buscar as fontes originais.

Um terceiro ponto a destacar é a necessária elasticidade mental para apreender um conceito em sua obra, pois o crescimento da capacidade de elaboração do leitor de Bion mostra-se progressiva e consistentemente aumentada, em função dos ganhos que seu método oferece.

Assim, otimisticamente, imagino que, se for tentar futuramente uma nova apresentação destas mesmas ideias, esperaria poder fazê-lo de forma a comunicar de maneira mais favorável estas mesmas questões.

Referências

Bion, W. R. (1948-1951). *Experiências com grupos*. Rio de Janeiro, RJ: Imago, 1970.

Bion, W. R. (1962a). A theory of thinking. *International Journal of Psychoanalysis, 43*, 110-119.

Bion, W. R. (1962b). *O aprender com a experiência*. Rio de Janeiro, RJ: Zahar, 1966.

Bion, W. R. (1963a). *Elementos de psicanálise*. Rio de Janeiro, RJ: Imago, 2004.

Bion, W. R. (1963b). A grade. In *Domesticando pensamentos selvagens*. São Paulo, SP: Blucher, 2016.

Bion, W. R. (1965). *Transformações*. Rio de Janeiro, RJ: Imago, 2004.

Bion, W. R. (1967). *Estudos psicanalíticos revisados (Second thoughts)*. Rio de Janeiro, RJ: Imago, 1988.

Bion, W. R. (1970). *Atenção e interpretação*. Rio de Janeiro, RJ: Imago, 2008.

Bion, W. R. (1975). *Uma memória do futuro I: O sonho*. Rio de Janeiro, RJ: Martins Fontes Editora, 1989.

Bion, W.R. (1976). Turbulência emocional. *Revista Brasileira de Psicanálise, 21*, 121-133, 1987.

Bion, W.R. (1976). Evidência. *Revista Brasileira de Psicanálise, 19,*129-141, 1985.

Bion, W.R. (1976). Sobre uma citação de Freud. *Revista Brasileira de Psicanálise, 21*, 134-141, 1987.

Bion, W.R. (1977). Cesura. *Revista Brasileira de Psicanálise, 15,* 123-136, 1981.

Bion, W. R. (1977). *Domesticando pensamentos selvagens*. São Paulo, SP: Blucher, 2016.

Bion, W.R. (1977). *Uma memória do futuro II : O passado apresentado*. Rio de Janeiro, RJ: Imago, 1996.

Bion, W.R. (1977-1978). *Conversando com Bion* (Bion, F., ed.). Rio de Janeiro, RJ: Imago, 1992.

Bion, W. R. (1978). *Seminários clínicos com Bion A5, A6, D14, S12*. (Transcritos, traduzidos e editados por José Américo Junqueira de Mattos). Não publicado.

Bion, W.R. (1979). Como tornar proveitoso um mau negócio. *Revista Brasileira de Psicanálise, 13*, 467-478, 1979

Bion, W. R. (1979). *Uma memória do futuro III: A aurora do esquecimento*. Rio de Janeiro, RJ: Imago, 1996.

Bion, W. R. (1981). *A key to A memoir of the future*. Perthshire: Escócia: Clunie Press.

Bion, W. R. (1982). *The long week-end*. Abingdon: Inglaterra: Fleetwood Press.

Bion, W.R. (1985). *All my sins remembered: The other side of genius.* (F. Bion, Ed.). London: Karnac Books.

Bion, W. R. (1992). *Cogitações.* Rio de Janeiro, RJ: Imago, 2000.

Bion, W.R. (1997). War memoirs (1917-1919). London: Karnac Books.

Bléandonu, G. (1990). *Bion 1897-1979: A vida e a obra.* Rio de Janeiro, RJ: Imago, 1993.

Braga. J. C. (2015). Conquering a facet of the formless infinite: the primordial states of the mind. In *Bion in Brazil* (Junqueira de Mattos, De Mattos Brito e Levine, Ed.). London: Karnac Books, 2017.

Freud, S. (1912). A dinâmica da transferência. In S. Freud, *Edição standard brasileira das obras psicológicas completas de Sigmund Freud* (vol. 12, pp. 107-119). Rio de Janeiro, RJ: Imago, 1980.

Grosskurth, P. (1986). *Melanie Klein: Her world and her work.* Cambridge, MA: Harvard University Press, 1987.

Junqueira de Mattos, J. A. (1995). Pré-concepção e transferência. *Revista Brasileira de Psicanálise, 29*(4), 799-823.

Junqueira de Mattos, J. A., & Braga, J. C. (2009). Consciência moral primitiva – Um vislumbre da mente primordial. *Revista Brasileira de Psicanálise, 43*(3).

Korbivcher, C. F. (2002 jun.) A teoria das transformações e os estados autísticos. Transformações autísticas: uma proposta. *Reunião científica da SBPSP.*

Korbivcher, C. F. (2009). A teoria das transformações e os fenômenos não integrados. Diluição e queda. *Revista Brasileira de Psicanálise, 47,* 111-125.

Korbivcher, C. F. (2010). *Transformações autísticas: O referencial de Bion e os fenômenos autísticos*. Rio de Janeiro, RJ: Imago.

Kant, I. (1781). *Crítica da razão pura*. Lisboa: Fundação Calouste Gulbenkian, 1994.

Meltzer, D. (1978). *The kleinian development: The clinical significance of the work of Bion*. Perthshire: Escócia: Clunie Press.

Meltzer, D. (1984). La ampliación de la metapsicología de Freud realizada por Klein y Bion. In Meltzer, D., *Vida onírica: una revisión de la teoría y de la técnica psicoanalítica* (pp. 39-51). Madrid: Tecnipublicaciones, 1987.

Meltzer, D. (1985). El modelo de la mente segun Bion. *Revista de Psicoanálisis de la Asociación Psicoanalítica de Madrid*, 1(1), 75-85.

Money-Kyrle, R. (1996). *Obra selecionada* (D. Meltzer, & E. O'Shaughnessy, Ed.). São Paulo, SP: Casa do Psicólogo.

Platão. Mênon. In *Mênon de Platão*.

Sandler. P. C. (2004). Tia Virgínia e o desenvolvimento: Algumas memórias para o futuro. In: *In memorian, Virginia Leone Bicudo*. São Paulo, SP: edição da SBPSP, 2004.

Sandler, P. C. (2010). *The language of Bion: A dictionary of concepts*. London: Karnac Books.

8. Introdução às ideias de Bion[1]

Cecil José Rezze

De início pareceu-me natural e honrosa a incumbência de apresentar um curso de introdução às ideias de Bion, autor que tenho estudado extensamente. Mas por onde começar e o que selecionar para este nosso encontro?

Optei por desenvolver ideias que poderia considerar como fundamentais para o desenvolvimento do pensamento de Bion e que transitam esparsamente nos estudos a respeito dele. Considerei essencial uma introdução com os estudos de grupo e a seguir o desenvolvimento da experiência emocional, tentando deixar claros os conceitos de função α, elemento α, elemento β, barreira de contato, tela β, vínculos de amor, ódio e conhecimento, continente (♀) conteúdo (♂). Para os conceitos de conhecimento, ideia e pensamento faço um maior desenvolvimento.

---

[1] Expansão de curso apresentado na X Jornada Psicanálise: Bion 2017, em 19 de maio de 2017, na Sociedade Brasileira de Psicanálise de São Paulo.

Algo sobre Bion

Embora o tema sejam as ideias, vem à minha mente a figura do autor que passei a admirar desde longa data, o qual cheguei a conhecer quando de sua estada em São Paulo por três vezes. O primeiro contato foi indireto, no grupo terapêutico de que participei quando estudante de medicina.

Nos anos 1960, houve uma verdadeira explosão de interesse por terapia de grupo, sendo o autor mais conhecido sobre o assunto Wilfred Ruprecht Bion (1970).

Serviu na Segunda Grande Guerra como psiquiatra, quando grande número de soldados sofria de *shell shock*, necessitando de tratamento médico e restabelecimento para que pudessem voltar ao *front*. Junto com Rickman, outro oficial médico, que fora seu analista, iniciou contribuições originais de tratamento que se tornaram polêmicas na época, mas despertaram muito interesse. Uma delas era o grupo sem líder, algo não muito bem visto pelas autoridades militares.

Bion desenvolveu as ideias de grupo a partir de 1945, quando iniciou sua análise com Melanie Klein, mas o fez sem introduzir as teorias que ela já desenvolvia brilhantemente. Posteriormente, ao publicar no *International Journal*, fez uma condensação que usava amplamente as teorias kleinianas. Publicou também o trabalho original de que vou me servir, e espero ter a colaboração de vocês.

Grupo

O grupo terapêutico apoia-se "na ideia de um grupo reunido para efetuar um trabalho criativo, especialmente com a ideia de um grupo reunido para tratar das dificuldades psicológicas de seus membros" (Bion, 1970, p. 56).

Bion vai descrevendo de forma muito sutil e clara as variações emocionais dos membros do grupo, seus ânimos e desânimos de acordo com a participação de cada um, o que não atende às intenções assinaladas no parágrafo anterior. Acentua como o indivíduo deseja expressar sua contribuição *anonimamente*, formando o que chama de *mentalidade de grupo*, que, desta forma, cria obstáculos à sua participação como *indivíduo* no grupo.

Atendendo principalmente à frustração, forma-se uma cultura de grupo que diz respeito à sua estrutura, ocupações e organização. Dá um exemplo quando um paciente apresentou sintomas de loucura com alucinações, e ele – Bion –, que estava sendo execrado pelo grupo, passa a ser considerado uma espécie de Deus, formando o que se pode chamar de uma teocracia em miniatura. Assim, pode-se encarar o grupo "como uma ação recíproca entre as *necessidades individuais, a mentalidade de grupo e a cultura*" (Bion, 1970, p. 47, grifo meu), formando uma *tríade*.

A partir desses elementos e do desenvolvimento do trabalho, em que acentua as dificuldades de ter clareza sobre os movimentos emocionais do grupo, Bion postula a possibilidade de considerar três pressupostos básicos de funcionamento do grupo.

O primeiro pressuposto se origina da própria organização do grupo, constituído pelos pacientes e pelo psiquiatra, considerado responsável pelo grupo e a quem os pacientes de dirigem procurando normas de funcionamento e orientação. O pressuposto básico é o de *dependência*, e quando o psiquiatra deixa o grupo livre para movimentar-se segundo os seus próprios designíos, surge uma reação de angústia, desespero e agressão contra o psiquiatra, exigindo que assuma a liderança, porém dentro de um critério de magia, e não de uma atitude que se poderia chamar de científica.

Continuando as vicissitudes do grupo, foi percebido em momento de forte angústia que um homem e uma mulher passaram a monopolizar a atenção, fazendo com que todos deixassem suas questões pessoais ou grupais e se concentrassem nesse novo acontecimento. A situação era tomada como evidentemente de um par sexual, havendo troca de olhares e sorrisos de membros do grupo insinuando tal fato. Essa nova aparição caracteriza o *postulado básico de acasalamento*, o qual não necessita necessariamente relacionar-se a um homem e a uma mulher, mas sim a quaisquer dois membros do grupo.

Bion indaga qual a suposição básica para as pessoas se reunirem em grupo. Assinala que é para fins de *preservação* do grupo. O temor à perda de coerência do grupo, à desintegração, levam a assumir o *pressuposto básico de luta ou fuga*: "para o grupo, a necessidade suprema é sobreviver: não o indivíduo" (p. 56). Haverá o sentimento de que o bem-estar do indivíduo não importa, desde que o grupo continue, e haverá também a impressão de que qualquer método de tratar uma neurose que não seja combatê-la ou fugir de seu portador é inexistente.

Os estados de pressupostos básicos não entram em conflito. Quando um deles atua, os demais estão ocultos; eles se alternam.

O conflito surge do grupo de pressupostos básicos com o grupo *refinado*. As intervenções do grupo refinado são no reconhecimento da necessidade de se desenvolver, em vez de se apoiar na eficácia da magia. São destinadas a enfrentar as suposições básicas e mobilizam as emoções de uma destas, na tentativa de enfrentar as emoções e fenômenos da outra. O grupo refinado será chamado de *grupo de trabalho*.

Esses trabalhos me interessaram muito, primeiro, como já afirmei, por poder tido uma experiência de grupo, portanto ter contato com o que posteriormente eu iria usar, pois comecei a trabalhar com grupos na Escola Paulista de Medicina e posteriormente em meu consultório.

O trabalho de Bion com grupos empolgou-me, pois eu tinha tido a oportunidade de aprender com a prática aquilo que posteriormente leria nos textos. Parte da empolgação vinha da finura com que Bion observava os membros dos grupos, notando os mínimos movimentos de aceitação, rejeição, sedução...

A grande revelação para mim era o trato com a vida afetiva de seus pacientes, em que os sentimentos e emoções eram francamente o interesse da investigação.

O meu próximo encontro deu-se com algo que me chamou entusiasticamente a atenção: *aprender com a experiência emocional*.

Aprender com a experiência emocional

No seu livro *O aprender com a experiência* (1962), vemos Bion mudar o rumo de suas investigações, criando um campo original e próprio, mantendo o interesse científico da psicanálise, utilizando instrumentos diversos, não familiares aos psicanalistas, como conceitos matemáticos ligados à função e fatores, figuras geométricas, ponto, linha, círculo, além de conhecimentos já solidificados provenientes de Platão, Locke, Hume, Kant e outros. Esse livro, publicado em 1962, é um desdobramento amplo de um trabalho publicado em 1960: "Uma teoria do pensamento", que aparece republicado em *Estudos psicanalíticos revisados* (1967).

Alguns elementos vão despontando e são estrelas do pensamento de Bion nesse período; atraem a nossa atenção talvez por uma aura de mistério que manterão durante todo o desenvolver de suas criações. Seremos desafiados, todo o tempo, a acompanhar as vicissitudes desse pensamento, que já vai nos avisando de árdua tarefa: o que não foi possível obter com a necessária clareza pelo autor, poderemos, pelo nosso interesse, talvez completar e avançar.

Função

Aprender com a experiência emocional, função α (alfa), elemento α, elemento β (beta), barreira de contato e tela β são os desafios iniciais.

Para chegar à função α, Bion vai fazendo delicada tessitura que aproxima a experiência do cotidiano aos conceitos matemáticos de função e fator. Vê um homem caminhar e considera a marcha como possibilidade de estudo da locomoção humana e, também, como possibilidade de examiná-la como função de sua personalidade.

Introduzida a ideia de *função da personalidade*, Bion introduzirá a de *fator* quando, ao investigar mais profundamente o episódio, deduz que o amor do homem por uma jovem e a inveja do amigo dela são *fatores* daquela função. Em uma expressão matemática simples, F (sua marcha) = A + I, em que F = função, A = amor e I = inveja.

As observações anteriores ganham maior expressão ao aproximar-se da teoria da identificação projetiva (Klein, 1946): que a função caminhar constitui sinal de que o paciente acredita ter incorporado a amada, com quem se *identifica*, e o rival que *inveja*, mas com quem também se identifica, e que controla esses objetos incluindo-os em suas pernas.

Função é o nome da atividade mental peculiar a certos fatores que atuam em conjunto. Fator é o nome da atividade mental que atua em conjunto com outras atividades mentais para constituírem a função. Os fatores se deduzem da observação das funções de que eles em conjunto são parte.

Nesta altura, Bion faz um apontamento dizendo que o uso que está fazendo desses conceitos pode parecer confuso, mas que o seu foco é se os instrumentos que são usados podem promover *desenvolvimento*.

Entendo que o episódio da marcha seja algo da observação comum. Seu uso terá respaldo científico ao considerá-la como função e seus fatores. Nestes a inveja e a identificação projetiva no desdobramento de ter incorporado o rival e a amada, com os quais se identifica, e ter o controle desses objetos em suas pernas, no significado kleiniano dos termos.

Bion realça a importância desse instrumental, pois, se o analista observa as funções e delas deduz os fatores, preenche-se a lacuna entre a teoria e a observação, sem a elaboração de teorias novas e possivelmente desorientadoras.

Função alfa (Fα)

Bion continua sua investigação, usando a teoria das funções, criando um instrumento de indagação – *função α*. Salienta a importância de não o preencher prematuramente de significado, mantendo-o como incógnita. O que ocorrerá durante todo o curso de seu pensamento.

Apresenta o campo: a *experiência emocional*, vivida durante o sono e a vigília, no ponto em que as percepções (*sense impressions*) da experiência emocional têm que ser trabalhadas pela função α antes que possam ser utilizadas como pensamentos oníricos.

> *A função-alfa atua sobre as impressões sensoriais [sense impressions], quaisquer que sejam, e sobre as emoções que o paciente percebe [is aware], quaisquer que sejam. Na medida em que a função-alfa tem êxito, produzem-se elementos-alfa suscetíveis de se armazenarem e de corresponderem aos requisitos de pensamentos oníricos. Se a função-alfa se perturba e, por conseguinte, não atua, as impressões sensoriais [sense impressions] que o paciente percebe [is aware], e as emoções que experimenta, permanecem inalteradas. Darei a elas o nome de elementos-beta. Ao contrário dos elementos-alfa, os elementos-beta não se sentem como fenômenos, mas como coisas em si. As emoções igualmente são objetos sensoriais (Bion, 1962, p. 22).*

Quanto a essa citação, há uma nota de rodapé bastante esclarecedora. Referindo-se a Kant, Bion usa o termo *fenômenos* para designar as qualidades primárias (as inerentes ao ser, como a extensão) e as secundárias (as que atribuímos, como cor, som etc.). "*Coisas em si*" refere-se a objetos que são incognoscíveis para o homem; no entanto, elas são vividas como sendo conhecidas no pensamento psicótico.

A seguir, Bion faz uma descrição dos elementos β, indicando que: não se prestam à utilização, como pensamentos oníricos; mas prestam-se à identificação projetiva tendo importância em atuações; eles se armazenam, porém não como memória mas como fatos não digeridos; , assim não são utilizáveis para o pensamento

Clinicamente é examinada a situação de um paciente psicótico que não consegue dormir e nem ficar acordado, pois não consegue transformar a experiência emocional por meio do uso de elementos α.

Uma série de experiências clínicas *estilizadas* vão permitindo a ampliação desses conceitos.

Autômato

Bion considera que a destruição da função α, ao lidar com os objetos vivos, deixa a personalidade como algo que se assemelha a um autômato. Só os elementos β se usam para substituir o pensar. Esses elementos β, cujo tratamento pela identificação projetiva assemelha-se ao uso da musculatura na evacuação. Assim, um movimento muscular, um sorriso deve ter interpretação diferente da personalidade não psicótica.

Bion faz uma interessante observação sobre as investigações que tratam da essência da vida, pois a capacidade dos seres humanos de fazer uso do pensamento é limitada, serve mais para lidar com o inanimado, daí o analista ter cuidado mesmo ao usar um método científico aceito, pois sua fragilidade pode estar mais próxima da debilidade do pensar psicótico do que revela sua aparência.

Barreira de contato

A função α, tanto no sono quanto na vigília, transforma as impressões sensoriais que se relacionam com a experiência emocional em elementos α, congruentes à medida que proliferam para formar a barreira de contato, em contínuo processo de formação, a qual delimita o ponto de contato e separação entre consciente e inconsciente e dá origem à distinção entre eles. A natureza da barreira de contato vai depender do caráter do suprimento dos elementos α e da maneira de sua mútua relação. Eles podem aglutinar-se; conglomerar-se; ordenar-se sucessivamente numa aparência de narrativa como no sonho; logicamente e geometricamente.

Tela β

Um pequeno número de pacientes apresentava sintomas de perturbação da capacidade para o pensamento. No caso específico de um desses pacientes, foram tentadas interpretações baseadas em teorias diversas, sem que ele aprendesse com elas, mantendo uma torrente de associações desconexas. Outras tentativas foram feitas, mas sem resultado perceptível.

Ocorreu pensar que esse paciente *sonhava* os eventos imediatos da análise, isto é, traduziam as impressões sensoriais em elementos α.

> *Esta idéia parecia esclarecer algumas vezes, mas tornou-se dinâmica somente quando foi relacionada com a* função alfa deficiente, *ou seja, que se presenciava a incapacidade para sonhar por falta de elementos alfa e, portanto, uma incapacidade para adormecer ou acordar, para estar consciente ou inconsciente (Bion, 1962, p. 37).*

Não se formara uma barreira de contato permitindo a separação consciente-inconsciente, consequentemente conduzindo a desenvolvimentos falhos ou anômalos da capacidade para memória e repressão. Os elementos β, que carecem da capacidade de se conectar mutuamente, formam uma *tela β*, que na clínica se apresenta como um estado confusional, que se assemelha ao sonho, com o derrame de frases e imagens desordenadas, um tagarelar semelhante ou um palavrório confuso, que parece evidência de alucinação. Esses estados sugerem que a tela elementos β é coerente e diretiva.

"Se nos impõe uma conclusão, inesperada e surpreendente, isto é, que a tela beta apresenta a capacidade de promover a espécie de reação que o paciente deseja, ou, por outro lado, a resposta do analista carregada de contratransferência" (Bion, 1962, p. 39).

Reversão de perspectiva

O paciente para quem se aventaram essas teorias não está usando a linguagem articulada. Seu uso das palavras está mais próximo da ação que se destina a "livrar" a psique do acréscimos de estímulos do que da "linguagem".

A substituição da barreira de contato pela tela β é um processo vivo.

Isso se efetua pela reversão da função α, de modo que os pensamentos oníricos e o pensar inconsciente de vigília, que constituem a textura da barreira de contato, se convertem em elementos α despojados de suas características, formando, assim, a tela β. A reversão da função α é compatível com o aparecimento de objetos com as características de objetos bizarros. O elemento β difere do objeto bizarro quanto ao fato de que o objeto bizarro é elemento β mais traços de ego e superego.

A barreira de contato se manifesta clinicamente como algo que se assemelha aos sonhos. Assim, se preserva o inconsciente.

Evitar ou modificar a frustração

Bion examina a frustração que se alia à fome. Supõe que se torne impossível a satisfação da fome por fatores como o medo, a voracidade ou a inveja, os quais não permitem ao seio ou seus equivalentes qualquer êxito em satisfazer a pessoa invejosa. Nessa situação, a voracidade se intensificaria e, assim, a intolerância à frustração.

A escolha que importa ao psicanalista é a que se situa entre os *comportamentos que se destinam a evitar a frustração e os que se destinam a modificá-la*. *Esta é a decisão grave*.

LHK – L, amor; H, ódio; K, conhecimento

Bion postula as emoções básicas: X ama Y; X odeia Y; X conhece a respeito de Y.

Destaque-se que K passa a ser considerada uma emoção básica semelhante a L e H.

A finalidade de escolher L, H ou K é a de fazer uma afirmação que seja verdadeira, na convicção arraigada do analista. A afirmação deve parecer, ao analista, o verdadeiro reflexo de seus sentimentos, e nela deve poder confiar para uma finalidade particularmente importante, ou seja, que atue como padrão a que possa referir todas as outras afirmações que possa fazer (Bion, 1962 p. 62).

Bion não faz menção à contratransferência. Creio que é no espectro da experiência emocional que ele coloca a posição do sentimento do analista e sua importância como ponto de referência.

Elo K

> "Devo ignorar L e H e examinar K que é importante para o analista e constitui o elo de relevo para o aprender com a experiência" (Bion, 1962 p. 64).

No texto: x K y; analista K analisando; ou eu K Silva representam uma *experiência emocional*.

Bion ressalta a diferença entre deter o conhecimento e a condição de chegar a conhecer.

Abstração. Objeto psicanalítico

A criança repete a experiência emocional em que os elementos estão constantemente conjugados. Criança: pá, pá pá. Mãe: papai. Da experiência emocional a criança *abstrai*: papai. Papai é o nome da *hipótese* em que certos elemento estão constantemente conjugados.

A criança vê um homem diferente. A hipótese papai ou é abandonada, ou desenvolve o sistema dedutivo científico (refere-se à abstração).

Natureza do objeto psicanalítico $\{(\pm Y)\psi(M)(\xi)\}$.

Supõe-se que ψ representa a constante e ξ o elemento não saturado.

Usamos a constante desconhecida Ψ para representar a pré-concepção inata. Admite-se, para a criança, a pré-concepção inata de que existe um seio que satisfaz sua natureza incompleta. A realização do seio propicia a experiência emocional a qual determina o valor do elemento não saturado ξ e, por seguinte, o valor de $\psi\xi$. Este sinal representa a *concepção*.

O elemento não saturado ξ junto com a constante desconhecida ψ compartilham um componente M que é o caráter inato da personalidade. Os valores se determinam pela experiência emocional e a realização.

Considerando o fator crescimento (Y), este pode ser + ou -.

Se a tendência for social, (+Y); e se a tendência for narcísica, (-Y).

Daí o objeto psicanalítico: $\{(\pm Y)\psi(M)(\xi)\}$.

Vínculo conhecimento K ♀ ♂

Para Melanie Klein, a criança projeta parte da psique, isto é, de seus sentimentos maus, dentro do seio bom. Daí, são, no devido tempo, removidos e introjetados.

Dessa teoria – identificação projetiva (Klein, 1946) – para uso como modelo, Bion abstrai a ideia do continente (♀) em que se projeta o objeto, e a do objeto projetado dentro do continente, o qual denomina conteúdo (♂).

O continente e o conteúdo se mostram, pela emoção, suscetíveis de conjunção e difusão. De ambas as formas eles crescem.

A manifestação mais precoce e primitiva de K se observa na relação mãe e criança. Objeto parcial – boca e seio. Em termos abstratos: ♂ e ♀.

Em K, sendo L e H fatores, ♂ se projeta dentro de ♀, do que resulta a abstração do tipo comensal. Por comensal, ♂ e ♀ são dependentes para benefício mútuo e sem detrimento de nenhum. Exemplo: desenvolvimento mãe-criança.

A criança introjeta essa atividade entre duas pessoas de maneira a instalar, dentro de si, como parte da função α, o aparelho ♂ e ♀. O modelo se fundamenta na ideia de que criança explora o objeto colocando-o na boca.

Se a relação for comensal, promove o crescimento de ♂ e ♀ e, portanto, continente e conteúdo tornam-se crescentes, o que Bion representa por $♀^n$ e $♂^n$. O meio, na relação comensal ♂ com ♀, é dúvida tolerada. Vale dizer, o ♂, que se desenvolve, encara-se como semelhante aos elementos da posição esquizoparanoide, mas sem o sentido de perseguição. Poincaré descreveu esse estado como aquele em que não se vê a coerência dos elementos, porém no qual o fato selecionado subitamente introduz ordem onde havia a aparência de desordem.

O aprender depende da capacidade de $♀^n$ de se manter integrado e de, todavia, diminuir a rigidez. Este é o fundamento do estado mental de quem conserva o conhecimento e a experiência e, ainda, se apresenta em condições de reconstruir as experiências do passado de molde a se mostrar receptivo para a ideia nova.

O símbolo ♂♀ representa a realização emocional relativa ao aprender, cada vez mais complexa. $♀^n$ representa o estágio final, na série de estágios que se inicia por certas pré-concepções indiferenciadas, relativamente simples, provavelmente relacionadas à amamentação, à respiração e à excreção.

As abstrações de união comensal de ♀ com ♂ incluem a formação de palavras, que constituem os nomes das várias hipóteses que afirmam a conjunção constante de certos dados sensoriais. Desses começos relativamente simples de ♀^{n}♂^{n} abstraio, sucessivamente, hipóteses mais complexas, e, por fim, sistemas completos de hipóteses, denominados sistemas dedutivos científicos.

Três conceitos: *conhecimento (K), ideia e pensamento*

Fazem-se necessárias algumas distinções nos conceitos utilizados por Bion: conhecimento, ideia e pensamento.

Conhecimento (*Knowledge* – K)

O vínculo conhecimento (K) teve um extenso desenvolvimento por meio do conceito de continente e conteúdo ♀ ♂, oriundo daquele de identificação projetiva de Melanie Klein (1946). O aprender surge da experiência emocional que vai permitir um vínculo comensal entre continente e conteúdo, que evoluem de pré-concepções indiferenciadas, relativamente simples, relacionadas à amamentação, respiração e excreção, para abstrações que incluem a formação de palavras, que constituem os nomes de várias hipóteses, as quais, combinadas sucessivamente, formam sistemas completos de hipóteses que denominamos sistemas dedutivos científicos.

Esse caminho foi seguido a partir de hipóteses oriundas de observações psicanalíticas para acompanhamento do *conhecimento*.

Conhecimento é termo que designa o interesse de filósofos, cientistas e teólogos para alcançá-lo, em vários vieses, tangenciando o conceito de verdade. De forma ampla, pode-se dizer que o acesso ao *conhecimento* parte de duas correntes de observação: do realismo, primado do objeto; e do subjetivismo, primado das ideias. O realismo pode ser atribuído à atitude direta de observação da realidade, como no caso dos empiristas ingleses Locke e Hume, em que a mente pode ser considerada como uma folha em branco que se desenvolverá pela observação do mundo, em grau crescente de complexidade. Já os subjetivistas partem da ideia de que existe um registro anterior na mente e que encontramos a projeção dele no mundo circundante. Podemos aí situar Platão, com o conceito de forma ou ideia.

Convém destacar o *conhecimento* do *conhecer*. Este, para os fenomenologistas, "é aquilo que tem lugar quando um sujeito apreende um objeto" (Mora, 1977). Esse viés está de acordo com o realismo, porém não atende ao subjetivismo.

Esta digressão visa trazer de forma sucinta a complexidade em que o conhecer está envolvido.

O desenvolvimento do vínculo K descrito anteriormente cria uma forma original de examinar tanto a genealogia do conhecimento quanto o ato de conhecer o indivíduo. Cria uma ponte entre a psicanálise e a visão filosófica.

Ideia

O desenvolvimento dos conceitos anteriores desembocarão na consideração dos *elementos de psicanálise* e o *objeto psicanalítico*. Numa aproximação comparativa, consideraremos os primeiros – os elementos – como equivalentes aos elementos químicos, na tabela periódica de Mendeleiev, e o segundo – objeto psicanalítico – como a molécula por eles constituída. Será desenvolvida a grade (*grid*) – instrumento para observação psicanalítica – com um eixo horizontal para *usos* e um vertical para o *desenvolvimento genético*. Bion representará esta súmula pela sigla I (ideia) e acrescentará: "quando uso a sigla I, entendo que ela representa toda a sinopse ou um ou mais compartimentos que diferenciei pelas coordenadas" (Bion, 1966, p. 146).

Em esclarecimento mais amplo de I: "Emprego . . . a sigla I, oriunda da palavra ideia e de todas as suas realizações, inclusive as que o pensamento representa" (Bion, 1966, p. 125).

Creio ter podido, pelo menos em parte, esclarecer: a relação entre I (ideia) e a grade (particularmente com seus eixos); e I com o pensamento, de que me ocupo a seguir.

Pensamento

Acompanhar a ideia de Bion sobre o pensar é tarefa complexa. Ele considera o pensamento e o pensar e logo se opõe à ideia comum de que o pensamento é gerado pelo pensar. Propõe que o pensamento precede epistemologicamente o pensar e, assim, desenvolvemos um aparelho de pensar para que possamos pensar os pensamentos.

Uma referência filosófica nessa direção é dada por Mora:

> *Para distinguir rigorosamente entre aquilo que pertence ao campo da psicologia e aquilo que pertence ao campo da lógica, há que separar pensar por um lado e o pensamento por outro. Este último é uma entidade intemporal e inespacial: invariável e, portanto, não*

psíquica, pois embora o apreendamos mediante o ato psíquico do pensar, não pode confundir-se com este (Mora, 1977, p. 305).

Prossigamos.

Separemos: a) pensamento e pensar; b) o pensar primitivo para o desenvolvimento do pensamento; c) o pensar para pensar os pensamentos.

a) Pensamento e pensar

Comecemos com o pensar nas quatro fontes em que Bion os apresenta. Na primeira, ilustra tomando a sensação de fome que se associa com a imagem visual do seio que não satisfaz, mas pertence à espécie de que se necessita. O objeto de que se necessita, e está ausente, é vivido como um seio mau presente. O objeto mau deve ser evacuado. Bion considera que suportar a frustração na ausência do objeto é que permite o pensamento. O que mais se aproxima do pensar é a falta do objeto necessitado, pois aí é que surge o pensamento. Este será de que existe o seio, mas é suportado que esteja ausente.

Outro ponto de referência é o trabalho *Uma teoria sobre o pensar* (Bion, 1967, p. 129), no qual assinala a satisfação e esclarece o surgimento da concepção como resultado da união da pré-concepção com a realização pertinente. Assim, a pré-concepção inata do seio com a realização deste, por encontrá-lo na experiência real, permitirá o surgimento da concepção. A seguir: "As concepções, portanto, estarão sempre associadas a uma experiência emocional de satisfação" (Bion, 1967, p. 129, L. 13). Diferentemente da afirmação de que o pensamento se relaciona com a frustração, o pensamento será dado junto da *satisfação* em perceber o seio presente. A concepção assim alcançada permitirá o desenvolvimento do eixo genético da grade para conceito, teoria científica e cálculo algébrico.

Assinala-se (Meltzer, 1998, Bléandonu, 1993) a importância dada por Bion ao pensamento primitivo para formar o *aparelho primitivo do pensamento*, tanto a fim de desenvolver o pensamento quanto a fim de pensá-lo em seus termos primitivos. Assim, o pensamento se origina dos elementos β – profundamente o temor de morrer do bebê –, que os projeta na mãe que, por meio do rêverie (sonhar), os transforma em elementos α, agora devolvidos ao bebê, que pode introjetá-los favoravelmente quando a relação é comensal. Daí o poder sonhar e seu desenvolvimento, o que pode ser acompanhado pelo eixo vertical da grade (Bion, 1963).

Bion ainda destaca outra forma primitiva do pensar, que é a identificação projetiva (Klein, 1946); fantasia inconsciente em que se pode projetar no objeto partes ou sentimentos indesejados do eu. Em certos pacientes, a negação dessa possibilidade leva ao colapso da personalidade. O desdobramento dessa hipótese é, provavelmente, a consideração de ♀ ♂ e os desenvolvimentos vistos anteriormente.

b) O pensar primitivo para o desenvolvimento do pensamento

Com os dois parágrafos anteriores descrevemos o pensar primitivo para o desenvolvimento do pensamento. Saliente-se que esse desenvolvimento será possível numa relação comensal que se desenvolve na experiência emocional, no protótipo primitivo entre criança e mãe ou boca e seio.

c) O pensar para pensar os pensamentos

É feita uma separação entre o pensar e o pensamento já constituído, como também já foi citado (Mora, 1977). Considerando as formas primitivas envolvidas, Bion atribui a EP < > D ser o instrumento para esta função. Portanto, considera o movimento oscilatório entre a posição esquizoparanoide e depressiva, mas sem o elemento persecutório, considerando a conexão com o fato selecionado (Poincaré) que pode observar a experiência emocional e encontrar nos elementos apresentados uma nova ordem que não depende da anteriormente apresentada. A evolução dessas ideias leva ao pensamento sem pensador; no entanto, após muitos desenvolvimentos, como o de que o analista, durante a sessão, deva trabalhar sem memória, sem desejo e sem compreensão.

Retomando três conceitos: conhecimento (K), ideia e pensamento

Estes três conceitos se entrelaçam na filosofia, e mais perceptivelmente na obra de Bion. Acima, de forma descritiva, tentamos algumas diferenças, e convém verificar as aproximações: Ortega y Gasset (segundo Mora, 1977, p. 306) difere pensamento (pensar) de conhecimento, mas assinala que "conhecimento é pleno pensamento" e que o conhecimento pode não ser necessário para o homem, mas que o pensamento sempre o será, "porque o pensamento é tudo o que fazemos para saber a que ater-nos".

Refletindo: em Bion, a atividade do pensamento fará parte da atividade do conhecimento, ou a "função" conhecimento tem como esteio a "função" pensamento.

Como aproximação entre conhecimento e pensamento, observamos que, para o primeiro (conhecimento), Bion estuda o vínculo que é dado por continente-contido ♀♂. Porém, ao estudar o pensamento primitivo, se utiliza do mesmo símbolo. Na grade, ao estudar o eixo vertical, a passagem de uma categoria a outra (A a H) tem o seu elo mecânico ♀♂ e dinâmico A (L), O (H), S (K), do que depende a benignidade de ♀♂.

O processo de mudança de uma categoria que se representa na grade por outra é descrito como desintegração e reintegração, EP < > D.

Enfim, ♀ ♂ e EP < > D passam a ser os *elementos básicos comuns* aos três conceitos: conhecimento, ideia e pensamento.

Referências

Bion, W. R. (1962). O aprender com a experiência. In *Os elementos da psicanálise*. Rio de Janeiro, RJ: Zahar, 1966.

Bion, W. R. (1963). *Os elementos da psicanálise*. Rio de Janeiro, RJ: Zahar, 1966.

Bion, W. R. (1967). Uma teoria sobre o pensar. In *Estudos psicanalíticos revisados*. Rio de Janeiro, RJ: Imago, 1994.

Bion, W. R. (1970). *Experiências com grupos*. Rio de Janeiro, RJ: Imago.

Bléandonu, (1993). *Wilfred R. Bion. A vida e a obra*. Rio de Janeiro, RJ: Imago.

Klein, M. (1946). Notas sobre alguns mecanismos esquizoides. In *Inveja e gratidão e outros trabalhos*. Rio de janeiro, RJ: Imago, 1991.

Meltzer, D. (1998). *O desenvolvimento kleiniano III. O significado clínico da obra de Bion*. São Paulo, SP: Escuta.

Mora, J. F. (1977). *Dicionário de filosofia*. Lisboa: Dom Quixote.

9. "… em uma sessão, estou interessado naquilo que não sei"

Antônio Carlos Eva

Bion – Cogitações. p. 222 δ3. Limites que procuro seguir, a partir da proposta que recebi da Comissão Organizadora da IX Jornada Bion 2016.

1) Criar um texto estímulo a ser lido por mim, no início da reunião G1 e que ocupe de dez a quinze minutos. Ele é consequência final do que pensei a respeito; ele procura dar informação ou notícia dos pensamentos que tenho a respeito.

2) A ideia central é de que o atendimento clínico psicanalítico que pratico hoje se centra em participar e comentar a experiência emocional presente na sala, "**0**" **sala de análise**" utilizando o ângulo, ou vértice, ou transformações que aplico ao "**0**" **sala de análise**".

"**0**" **sala de análise**" é uma teoria científica que afirma que ele "**0**" está sempre presente e que por hipótese é inacessível à dupla analista-analisando. Ele apenas está à disposição, para um ou dois dos participantes, nas dimensões alheias ao pensamento, ou seja, nas dimensões representadas por alucinações e assemelhados.

Grosso modo, didaticamente, divido o conjunto da experiência emocional psicanalítica presente em área de **pensamento** ⇔ **não pensamento (psicótica)**, que são intercambiáveis, para dar conta, fundamentalmente, da presença de desconhecido incômodo ou doloroso.

No meu modo de compreender a ação psicanalítica, sigo o conjunto de propostas feitas por Bion em sua longa vida; mas ao mesmo tempo diferenciando-me delas pela maneira particular e pessoal como as entendo. Nesse aspecto, vejo-me "estacionado" no vértice que me informa e me faz ver que é impossível estar sempre presente, ou presente em tempo grande e importante, no que se passa com a junção, na sala de análise, dos dois e só. Temos inúmeras ações mentais, que circunscrevem a emoção e se apresentam como substitutos dela.

Ainda que permaneça a convicção certeira e indiscutível de que é a emoção que produz e governa nossa vida da concepção à morte, não temos um **"aparelhamento mental"** que seja capaz e eficiente, continuamente, de viver e estar na experiência nova e presente e dela retirar e criar um patrimônio que ficará disponível e nos organizará para viver a nossa vida, como a desejamos e imaginamos.

Sempre que algumas condições, variadas, certamente, se apresentam e impedem de colher a emoção presente, nos valemos, também em variadas dimensões e formas, certamente, de outros instrumentos para estarmos no conforto possível e que podem ser identificados e nomeados de várias formas. Por exemplo, "é demais para mim", "é pouco interessante, por isso me desinteressa!", "não me meto em tal assunto", "isso não existe, certamente" etc.

Essas ideias que acabei de apresentar são formadas por um juízo, que se aplica a uma ideia, experiência sensorial, pensamento, fato, alucinação etc. Há um conjunto de nomes para identificar que tende ao infinito. O juízo que faço permite uma discriminação e separação de duas funções; uma delas, via de regra, admitida como pessoal.

De modo geral, essa descrição corresponde ao funcionamento mental "desenvolvido", havendo a discriminação de duas áreas distintas e perceptíveis.

Abre-se, agora, uma enorme pergunta que as teorias procuram perceber, entender, nomear, circunscrever e responder. Quando o grupo a que pertenço e eu mesmo decidimos, automaticamente, que estamos "pensando", vendo os fatos e que estamos com juízo, "fora da loucura", posso, a partir dessa premissa primária, dar destino a tudo o que vier depois, como consequência da percepção que tenho do que acontece comigo e com o grupo.

Se o grupo e eu, se o grupo **ou** eu referendamos o modo de perceber o que vivemos, podemos, no dia a dia, viver em relativa paz.

Acredito que a psicanálise, hoje, oferece, de maneiras variadas, campos, espaços, situações que permitem perguntar ou até reperguntar a respeito da origem, da base, de nossos pensamentos, ou convicções, ou percepções, ou intuições etc.

A teoria que, para mim, atende a essa descrição que fiz é dada pelos **elementos α, função α e pensar** os pensamentos e demais produtos mentais.

Proponho que a função psicanalítica na clínica é apontar para a presença de incompletudes e incongruências, vindas das pre-concepções em busca de experiências (realizações) que permitam "formar ideias, perceber elementos e fazer uso deles, modificando as incompletudes e incongruências iniciais".

Vou agora responder aos pensamentos que a Comissão Organizadora da IX Jornada Bion 2016 ofereceu para nós, participantes.

A parte da questão sobre "... em uma sessão estou interessado naquilo que não sei" é necessário entender como fazendo parte de experiência emocional presente. Certamente ela se aplica à experiência emocional presente.

Em dimensão diversa, podemos conversar sobre ideias conhecidas, desde que não as abordemos prevalecendo seu aspecto de experiência emocional presente, pois a emoção presente fará parte de um todo incompleto, desconhecido e em constante mutação. Ela (a emoção) será, pois, sempre nova e a ser conhecida, no momento. Não há, assim, emoção guardada, armazenada que se reapresente como foi antes.

Muitas vezes o caráter do presente se perde ou é secundário, ficando a memória, o acontecido, como central. Esse campo assim criado "repetitivo", só pode ser assim percebido se abandono ou afasto, por estratégias variadas, o momento presente; este sim é essencial para o aprender emocionalmente da experiência presente.

Devo acrescentar que a experiência analítica, em sua dimensão clínica, ganha uma interpretação nova. Ela é um fim em si.

Ela deixa de ser um meio para realizar um fim que está além da experiência presente. Encontramo-nos na sala de análise e, a partir disso, temos uma mudança em nosso patrimônio emocional (função α). Está encerrado aqui o cerne da psicanálise clínica. Aquilo que cada um da dupla fará com o experimentado é uma consequência da apreensão nova que teve.

Há um viés presente em nosso trabalho, ligado às suas origens médicas, representado por uma busca de uma melhora (conforto) por mudanças de ações que atendam o grupo de que faço parte. Esse aspecto regulatório de nosso trabalho nos encaminha para encontrarmos e privilegiarmos uma posição nova mais confortável e mais adaptada ao que a pessoa deseja para a sua vida.

A minha restrição a isso é quando a pessoa ou a dupla estão sob domínio de uma premissa externa, poderosa, em detrimento de uma premissa interna, ainda que mais verdadeira para a vida real. Trata-se de uma influência poderosa para o caminho que escolhemos a partir dos infinitos pontos à nossa disposição. Memória e desejo certamente influenciam nesse caminho.

Deixou de aparecer no cartaz-convite da IX Jornada Psicanálise Bion 2016 outra citação de Bion que aparece em *Atenção e interpretação* (p. 96): "Portanto, o traço dominante de uma sessão é a personalidade desconhecida e não o que o analisando e analista pensam que conhecem". Trata-se de outra maneira de se dirigir ao presente da sessão tomado como a fonte principal de nosso conhecimento e possibilidade de mudança em nosso patrimônio. Como diz Bion, aquilo que se pensa que se conhece apenas nos cria mais um embaraço para o caminho de estar na experiência do presente.

Quem sabe este relato de informações permita alguma troca de ideias; este é, ao menos, meu desejo e propósito.

10. Intuição vivida ⇔ ilusão, engano e mentiras: uma contribuição à observação psicanalítica

Deocleciano Bendocchi Alves

> *E o que vejo a cada momento*
> *É aquilo que nunca antes eu tinha visto,*
> *E eu sei dar por isso muito bem...*
> *Sei ter o pasmo essencial*
> *Que tem uma criança se, ao nascer*
> *Reparasse que nascera deveras...*
> *Sinto-me nascido a cada momento*
> *Para a eterna novidade do Mundo*
>
> Alberto Caeiro, "O guardador de rebanhos"

Curiosidade

Tive a oportunidade de presenciar o diálogo entre um garotinho e seu pai em duas ocasiões diferentes. Na primeira, o menino tinha cerca de 3 anos. Durante um almoço, estando à mesa na qual se desenvolvia uma conversa entre adultos, o menino puxa a manga da camisa do pai e lhe faz uma pergunta movido pela sua curiosidade. O pai, interessado na conversa dos adultos, diz para o garoto: "Espere um pouco, depois respondo". Visivelmente frustrado e muito zangado o menino diz chorando: "Mas depois eu vou esquecer o que eu quero saber". Passam-se três anos, e o mesmo garoto faz uma pergunta ao pai de um teor mais sofisticado. O pai diz: "Meu filho, não sei responder a isso". O menino, surpreso, frustrado e zangado, responde: "Como não sabe! Você é meu pai. Como não sabe... e eu vou ficar sem saber?".

Estes dois episódios focalizam o fulcro de minha comunicação, que é o de pensar psicanaliticamente a reação do ser humano à sua curiosidade e aos recursos que são usados para vir a conhecer. Utilizo achados observáveis no meu trabalho clínico e o que sei de outras áreas do conhecimento, proveniente de diferentes disciplinas científicas. Essa apresentação está baseada em observações, na minha intuição e em algumas teorias psicanalíticas que vivi na minha análise. Os conhecimentos, as observações e as informações que adquirimos previamente nos preparam para receber, acolher, correlacionar e expandir o que antes não nos tinha acontecido e, portanto, não tinha sido observado.

Na observação psicanalítica, é necessário fazer a diferenciação da natureza dos fatos observados, para distingui-los entre si.

Considero que todo conhecimento disponível, de qualquer área da ciência que ele provenha, pode ser útil para informar e expandir a nossa observação. Funciona como a urdidura de um tecer, e sobre esta vamos pontuando outras considerações que resultam de nossa observação intuitiva e das experiências que já vivemos. Como numa grande sinfonia de Beethoven, por exemplo, o segundo movimento da *Oitava Sinfonia*, podemos ouvir as cordas como num fundo, e sobre elas se instalam os acordes e melodias tocadas pelo outros instrumentos. Mas, ouvindo o conjunto, temos a ideia uníssona, criativa e harmoniosa de toda a orquestra apresentando a sinfonia. Quando vivemos uma experiência emocional, ou quando trabalhamos psicanaliticamente, vamos somando ao conhecido aquilo que se nos apresenta como novidade; e o mesmo acontece quando escrevemos sobre esses estados experimentados; se estamos livres, as correlações vão se encadeando, tornando nossa comunicação criativa.

Na ilha de Malta, pequena ilha no mar Mediterrâneo, rica em monumentos arqueológicos que atestam a passagem de povos de diferentes culturas, as impressões sensoriais que vivi, transformadas em experiências emocionais, estimularam-me a retomar um tema, anteriormente por mim abordado – a *religião* – e associá-lo às conjeturas que agora venho tecendo.

Três sítios megalíticos me impressionaram muito: o da ilha de Gozo, chamado Ggantiga; o templo de Tarxien; e o Hipogeo de Hal Saflieni. Eram templos religiosos associados ao culto dos mortos. O segundo templo megalítico, Tarxien, era ao mesmo tempo crematório; o terceiro, Hal Saflieni, um enorme templo subterrâneo escavado nas rochas, disposto em três níveis interligados por uma rampa em espiral, contém inúmeras câmaras, salas, nichos e passagens misteriosas e um sistema acústico perfeito para causar efeitos sonoros. Nas três construções, nota-se uma decoração artística primorosa, constando de figuras geométricas e espirais em pinturas ou em alto ou baixo relevo. Não temos nenhuma documentação escrita sobre esses sítios arqueológicos datados aproximadamente de 5200 a.C. a 2000 a.C, sendo esse período, o Neolítico, anterior ao aparecimento da escrita. Dessa forma temos pouco conhecimento do significado que aquelas construções megalíticas tinham para os habitantes da ilha naquela época.

Essas minhas observações e informações, aliadas aos escritos dos arqueólogos e dos etnólogos que passei a conhecer, fizeram-me estabelecer relações conjeturais entre elas e as teorias psicanalíticas vigentes na minha prática clínica, como também a fazer uma apreciação conjetural sobre o desenvolvimento mental do homem. Dessa forma, as experiências no meu trabalho alcançaram uma dimensão inusitada e lançaram alguma luz sobre a ignorância, que por vezes experimento, e penetrei então um pouco mais na apreensão dos estados de mente religiosos.

Não tenho competência para aventurar-me em arqueologia ou etnologia, mas passo a enumerar alguns achados descritos por arqueólogos que penso serem significativos como conhecimento desenvolvido pelo homem na tentativa de alcançar maior apreensão do crescimento da humanidade. Freud chamou a atenção para que, ao lado dos conhecimentos ontogenéticos, precisaríamos considerar o desenvolvimento filogenético, afirmando que a criança, no seu desenvolvimento, repete o desenvolvimento da espécie.

Os desenvolvimentos da alma possuem uma peculiaridade que não se encontra em nenhum outro processo de desenvolvimento. Quando uma aldeia cresce até se converter em cidade, ou uma criança se torna um adulto, aldeia e criança desaparecem na cidade ou no homem. Só a lembrança pode figurar novamente os antigos traços na imagem nova; na realidade, os antigos materiais ou formas foram abandonados e substituídos por novos. No desenvolvimento anímico, as coisas ocorrem diversamente. Aqui, a situação não é comparável com aquela, e não pode ser descrita a não ser asseverando que todo estágio evolutivo anterior se conserva junto aos mais tardios, deles derivados; a sucessão também envolve a coexistência, embora os materiais nos quais transcorre toda a série de transformações sejam os mesmos. Por mais que o estado anímico anterior não tenha se exteriorizado durante anos, tão certo é que subsiste, que um dia pode converter-se de novo na forma de manifestação das forças da alma, e, na realidade, na única forma, como se todos os desenvolvimentos mais tardios tivessem sido anulados, tivessem involuído. Esta plasticidade extraordinária dos desenvolvimentos da alma não é restrita quanto a sua direção; pode-se designá-la como uma capacidade particular para a involução – para a regressão –, pois pode ocorrer que, se uma etapa posterior e mais elevada de desenvolvimento é abandonada, não se possa alcançá-la de novo. Contudo, os estágios primitivos sempre podem se restabelecer; o anímico primitivo é imperecível no sentido mais pleno (Freud, 1993e, pp. 286-287).

O que venho apreendendo ultimamente com o conhecimento de várias pesquisas arqueológicas em diversas áreas do planeta, como as que citei acima, reforça a minha percepção de que hábitos de comportamento, de pensar e de crenças religiosas atuais são transformações de hábitos, crenças e maneiras de pensar que vêm de milhares de anos, estruturados, organizados e transformados com a evolução do processo civilizatório.

Alguns fatores dominantes nesse processo são apontados por arqueólogos e estudiosos da evolução das crenças religiosas. Dentre esses fatores, que operaram no processo de hominização dos seres primordiais, a adoção da posição espacial vertical modificou toda a percepção espacial, pois este espaço passa a ter um centro em torno do qual se organiza a vida animal: a casa, a disposição das aglomerações e depois das habitações.

Outro fator importante foi a domesticação do fogo: a capacidade de produzi-lo, de conservá-lo e de transportá-lo. Mircea Eliade nos lembra que o homem pré-histórico já era um ser dotado de inteligência e imaginação, as quais foram aplicadas na construção de armas e ferramentas que o ajudavam a sobreviver. A consciência final no começo dos tempos era que para sobreviver era preciso matar, devido à escassez de alimentos à medida que as populações aumentavam. Esse fato transformou os hominídeos em carnívoros, conseguindo, assim, superar os demais antropoides, seus ancestrais. Como consequência desse acontecimento, uma divisão do trabalho apareceu: os homens caçavam, e as mulheres e crianças colhiam os frutos, as raízes, os grãos e pequenos animais. Com a descoberta dos grãos e a capacidade de moê-los aparece a possibilidade de ter farinha e os derivados alimentícios. Essas mudanças produziram e finalizaram o processo de hominização. Observamos que essa divisão de trabalho não existe entre outros animais carnívoros.

Como consequência, pouco a pouco vai-se organizando a vida, de forma diferente. Surgem as tribos e, mais tardiamente, a sedentarização com o surgimento dos templos megalíticos e o depósito de ossadas em cavernas ou em covas. Como não temos documentos escritos dessa época, conjetura-se que surgiram as ideias de deuses. O mistério da vida e da morte, o não entendimento dos processos naturais, sem ainda qualquer entendimento da natureza, despertavam um terror que foi o estímulo para o desenvolvimento das ideias de seres sobrenaturais bons e maus, seguidas de práticas propiciatórias e mágicas para apaziguar os espíritos sobrenaturais e atrair sua proteção. Se bem observarmos, vemos que muitas dessas práticas primitivas ainda estão ativas, transformadas ou revalorizadas nas civilizações de hoje em dia – como também as observamos no desenvolvimento do bebê.

Outro passo importante nesse processo de evolução foi o aparecimento da linguagem, mas nada sabemos como ela surgiu e como se desenvolveu. Ela possibilitou a comunicação entre os homens e o surgimento do solilóquio indagatório com os deuses, até o aparecimento dos feiticeiros e xamãs, que começaram a estruturar as práticas mágicas com o consequente estabelecimento dos ritos.

Podemos observar a função da curiosidade como sendo o estímulo para a criação de todos esses processos, cuja função era preencher o desconhecimento vazio de sentido, terrífico e acachapante.

Freud e Klein desenvolveram suas ideias sobre o "impulso a conhecer", muito bem conhecido por todos nós. Bion correlaciona esse impulso ao desejo de agarrar o desconhecido – a verdade. Parte da suposição de que a verdade existe, ainda que não a conheçamos, e postula que a consciência de sua existência é uma das experiências elementares da mente, coincidindo com o conceito de Freud da existência de um instinto para o conhecimento. Para Bion, a verdade é o alimento essencial para a mente. A verdade frequentemente causa pasmo, temor e medo, incrementa o aparecimento de fantasia de onipotência, onisciência e onipresença, originando a criação de teorias, explicações racionais em detrimento da experiência inefável de vir a conhecer. A verdade exige do indivíduo modéstia para reconhecer que existe muita coisa que foge dos recursos que dispomos para indagar, esperar que a verdade evolua, podendo revelar-se ou não, mas sempre sendo algo transitório e inatingível.

O impulso ao conhecimento da verdade é somente uma aproximação do psiquicamente verdadeiro. Talvez possamos dizer que a procura do conhecimento é o caminho para o encontro com a verdade, que não é atingida mas é somente uma aproximação, pois a verdade jamais é atingida. Nas organizações primordiais, a existência de xamãs e feiticeiros evoluiu para o aparecimento dos sacerdotes, que foram os intermediários entre o indivíduo e Deus, como hoje ainda acontece. Para Bion, a ideia messiânica não pode ser contida na mente humana. Assim, a verdade pode apenas corresponder a uma experiência vivida.

Quando a ideia messiânica não pode ser transformada em pensamento, não pode ser encarada como verdade, estamos diante da idolatria primitiva. Reifica-se a ideia messiânica num ídolo ou objeto teórico onisciente.

Ouvi um apresentador de programas culturais da televisão entrevistando um arqueólogo da Universidade de Valeta a respeito da origem dos achados arqueológicos de Malta. A cada resposta do professor dizendo que os achados eram desconhecidos, o programador apresentava hipóteses imaginativas, como, por exemplo, se os habitantes não seriam povos procedentes de outras galáxias, ou se esses seres não seriam muito inteligentes e portanto conhecedores de tecnologias muito superiores às que usamos atualmente, capazes de remover grandes blocos de pedra, por exemplo, usando de vibrações sonoras etc. O professor afirmava reiteradamente que desconhecíamos ainda a origem dos achados arqueológicos de Malta. Um exemplo de como, diante da frustração resultante da ignorância, apela-se para a criação de crenças enganosas, falsas, baseadas na imaginação e no cientificismo teórico e dissociado da realidade.

Religião

Os textos de Bion publicados no livro *Cogitations* sobre religião e estados de mente religiosos foram outro estímulo. Em notas sobre ritual e magia, Bion escreve: "A crença em um espírito, ou princípio universal, que anima o mundo tem sido e ainda é poderosa

– um fato psicanalítico" (Bion, 2000, p. 306). Comentando sobre "The future of an illusion", refere-se a Freud ao dizer:

> *como se ele pensasse que religião fosse uma ilusão; ela pode ser, mas eu penso que ela é uma ilusão básica, ela é uma força muito poderosa, como podemos ver pela evidência do que pode parecer um sinal ou sintoma do pensamento de um período desenterrado pelos arqueólogos nas escavações da Cova da Morte em UR (Bion, 2000, p. 306).*

Isto é evidente também em outros sítios arqueológicos espalhados em diferentes regiões do planeta, e nos atuais achados nas escavações que estão sendo feitas por arqueólogos nas ilhas Orkney na Escócia. Observamos que os pensamentos mágicos ocorrem como tentativas de controlar o entorno físico. O ritual aparece como uma evolução da magia e, portanto, um desenvolvimento do conhecimento, usado como recurso no controle do mundo espiritual. Observa-se um conflito permanente entre o conhecimento psicanalítico, considerado científico, e o pensamento mágico e os rituais. A diferenciação entre os estados de mente ora religiosos, ora de direção científica torna-se muitas vezes precária. Uma observação cuidadosa é necessária para que os fenômenos possam ser diferenciados dos preconceitos e dos conhecimentos tidos como verdadeiros, que podem nos levar a falsificar as conclusões.

Frequentemente há uma imbricação de estados de mente mágicos ou ritualísticos que afetam nossa percepção psicanalítica. Num extremo mágico, a observação sendo reificada em fatos mágicos ou rituais; ou um ritual ser confundido com uma postura científica. Ou ainda uma afirmação científica tornar-se um ritual ou ter um caráter mágico.

Ao associar os elementos supracitados pretendo, desenvolver conjeturas sobre o desenvolvimento do conhecimento da vida e sobre a incidência dos fatos observados na investigação psicanalítica.

Algumas questões se colocam, por exemplo: como se estabeleceram nas comunidades primitivas a associação entre templos e cemitérios? Como surgiram os deuses primitivos e como os rituais associados à magia responderam às indagações sobre a vida e a morte? No trabalho de observação psicanalítico, aparecem as angústias relativas à morte, ou às construções imaginativas sobre a origem da vida – como essas se articulam com os estados de mente religiosos?

A organização civilizadora foi um processo lento, como se observa na evolução da construção dos monumentos conhecidos. Nesses monumentos, podemos encontrar vestígios de atividades ritualísticas, ainda que não se conheça o que inspirava esses rituais; é conjeturável que a curiosidade e o temor pelo mistério da origem da vida e da morte eram estímulos poderosos. A criação de deuses interlocutores surgia em resposta às angústias primordiais acerca do desconhecido. A observação dos fenômenos da natureza e das vicissitudes humanas contribuiu para o aperfeiçoamento e a complexidade das personalidades dos deuses, assim como para a multiplicação das divindades, ora protetoras, ora punitivas, ou complexas quanto às funções, e também muito diferenciadas segundo as diversidades dos agrupamentos humanos. Esses deuses primitivos, além dos atributos idealizados, continham muitos aspectos imitados das características e vicissitudes humanas. Aos deuses eram atribuídas emoções e paixões humanas, que neles apareciam como projeções da crueldade, vingança, inveja e atividade sexual. Com isso, comprovamos que os povos primitivos podiam observar e observar-se, intuir e imaginar. Penso que, ao estabelecer um contato pessoal interno, fazendo aparecer o solilóquio, oscilavam entre seus sentimentos, que estimulavam o processo de transformação em conhecimento mítico e posteriormente racional. Do estudo dos restos arqueológicos, podemos conjeturar que a mente humana começa a ser empregada para investigar o desconhecido e tecer tentativas para racionalizar os conhecimentos relativos aos acontecimentos externos da natureza. Os seus mitos traduzem suas observações sobre a natureza e sobre os fatores de organização interna psíquico-emocional, apresentados como histórias por vezes bastante complexas. Concomitantemente apareceu uma adaptação ao mundo circundante, atendendo às necessidades dos povos, como a construção de templos, cemitérios, organização de povoados, cidades e organizações religiosas. Esses povos desenvolveram a capacidade de construir ferramentas e mecanismos complexos que possibilitaram a construção de monumentos imensos e artísticos.

O processo racional desenvolveu-se pouco a pouco a partir do processo intuitivo. O sistema racional causal, aplicável sobretudo ao manejo dos objetos materiais, é uma das expressões da inteligência. Minha indagação na observação psicanalítica está voltada para o fato de que, no diálogo, o processo racional vai deslocando o processo intuitivo, que fica sufocado pela racionalidade, em vez de estar alicerçado na observação intuitiva. A improvisação, matriz da maneira como o indivíduo se mostra e passa a ser existente, fica afetada pela transformação, e em lugar de vermos um indivíduo existente, surge um personagem.

O conflito entre o narcisismo e o socialismo se traduz num conflito entre intuição e racionalização. A manifestação do intuitivo geralmente é posta em dúvida, desacreditada e menosprezada, ou pelo indivíduo, ou pelo grupo circundante.

A fantasia de ser importante estimula e exacerba o aparecimento da arrogância, que se transforma num processo alucinado de estar encarnado em Deus, e que exige uma comunicação racional eivada de onisciência, em vez de uma comunicação espontânea, viva e intuitiva. A ignorância fica encoberta por uma sabedoria falsa, enganosa, mesmo mentirosa, mas aceita e sancionada pelo estabelecido, interno e grupal. A arrogância é a cobertura do desamparo, da dor da ignorância e do pasmo diante do desconhecido.

No processo de hominização, o medo e o mistério predominavam em decorrência da ignorância científica diante do nascimento, da morte e dos fenômenos naturais. Surgiram os xamãs mediadores entre os homens e as forças naturais, as feras, os animais gigantescos, que eram logo transformados em deuses. Os xamãs criaram numerosos procedimentos protetores, lidando com o mundo físico e sensorial: amuletos, poções mágicas para protegê-los das dores e doenças. Esses procedimentos evoluíram para rituais que atraíam a proteção dos deuses. A magia, transformando-se em rituais, introduziu um sem-número de procedimentos, como tambores, danças e cantos. Esses rituais lidavam com a morte, com a evolução da organização social e outros momentos do crescimento, como o nascimento, a iniciação dos jovens, a união dos casais. Todos invocavam a proteção dos deuses e a reverência temerosa desencadeava o desejo de aplacá-los.

Podemos acompanhar essa mesma evolução nas crianças, desde o doloroso nascimento até as angústias de aniquilamento e os temores relativos a sua precária existência e dependência. A origem da vida e as angústias referentes à finitude ocupam o lugar central na curiosidade infantil. A curiosidade sexual infantil irá transformar-se em desejo intelectual, ou, em alguns indivíduos, numa curiosidade pela realidade psíquica.

Evidentemente, com a evolução do grupo humano os rituais foram depurados e transformados, até chegarem a nós, trabalhados pelos processos civilizatórios, tornando-se aceitáveis aos modos de vida de hoje, ainda que conservando o seu caráter primitivo

Dois momentos foram importantes na evolução humana: o surgimento da agricultura e o aparecimento da linguagem, que tornou a comunicação possível para a expressão das emoções e dos sentimentos. A linguagem também repercutiu nos rituais e magias, com o aparecimento de fórmulas verbais já utilizadas. Na observação cotidiana elas persistem modificadas em todas as manifestações religiosas atuais.

Os sacrifícios de animais e, em alguns grupos, de seres humanos era sentido ora como uma exigência dos deuses, ora como exigência da classe sacerdotal que se constituiu com o passar do tempo. A organização da classe sacerdotal resultou na institucionalização dos rituais e dos procedimentos mágicos. Com o aparecimento da escrita estes rituais e magias foram se organizando em regras que evoluíram para as teogonias, teologias, em mitos explicativos da origem da vida, da criação do homem etc. que encontramos nas mais diversas culturas ainda que tragam modificações secundarias decorrentes das crenças e costumes regionais.

Chamo a atenção para um processo que, inicialmente, era espontâneo, imaginativo e intuitivo, e transformou-se em um processo explicativo-racional, dogmático, estruturado. Assim a observação fica substituída por crenças distorcidas por afirmações dogmáticas, falsas, enganosas e preconceituosas. A espontaneidade psicanalítica consequente das associações livres é substituída por racionalizações, por teorias explicativas ou causais que introduzem a necessidade de compreensão ou explicação. O processo racional-explicativo aniquila o processo perceptivo intuitivo. Há uma substituição de natureza na observação e no conhecimento da vida e da realidade psíquica não sensorial. Indago: que fatores estão envolvidos nessa aparente necessidade de substituição? O desconhecido, o temor de conhecê-lo, desafiando os deuses? Há exemplos disso na mitologia religiosa: mito do Gênese, mito de

Babel etc. Os deuses detêm o conhecimento? Na Bíblia, em Gênesis 3:22, Deus diz: "Eis que Adão se tornou como um de nós, conhecendo o bem e o mal; agora pois expulsemo-lo do paraíso, para que ele não estenda sua mão e tome também da árvore da vida, coma e viva eternamente". Assim o conhecimento era atributo de Deus e interditado aos homens.

Confrontado com algo que não faz sentido, o homem é tomado de muita angústia, sobretudo diante da dor, da morte ou da finitude. Também podemos pensar na arrogância, tal como descreve Bion (1967, p. 131) em que um conhecimento clivado de uma real curiosidade gera um conhecimento estúpido e invejoso.

A linguagem, uma das formas expressivas do ser humano, também fica comprometida. A *"language of achievement"* é trocada pela linguagem de substituição. Psicanaliticamente, a linguagem de substituição cria um falso conhecimento. Na clínica, a verdade é substituída por compreensão, teorias e racionalizações. O trabalho aparece sem vida, monótono, repetitivo, nada criativo. Muita coisa é falada, mas pouca coisa é vivida. Lidamos com personagens, em lugar de pessoas reais. No livro *Uma memória do futuro* (1991), Bion descreve a religião como algo da natureza humana, mas questiona se é uma necessidade humana, que é rejeitada tendo em vista o real crescimento. Refiro-me não somente às religiões instituídas, mas incluo a religião de cada um com suas características peculiares. Como as religiões estruturadas, comportam atos mágicos, rituais, dogmas e assertivas racionais, fanatismo, crueldades e desprezo pela realidade do viver substituído por explicações e uma compreensão lógico-religiosa dos fenômenos vitais. Uma observação científica e a apreensão do real sucumbem no exercício de uma incessante atividade racional-explicativa abrangente, eliminando a fruição do processo livre de viver.

A improvisação e a substituição

Sobre a improvisação e o estabelecimento do *play*

As observações seguintes foram publicadas no livro *Tessitura de uma experiência* (2014), de minha autoria. No texto presente as reproduzo e as amplio em decorrência de outras observações.

O *play*, conceito introduzido por Frank Philips (2003), resultado dos hábitos de comportamento que observamos nos seres humanos, exterioriza as consequências interiores das experiências vivenciadas pela espécie humana nos seus milhares de anos, desde o aparecimento do *Homo sapiens*. As experiências vivenciadas atualmente pelo indivíduo vão repercutir no comportamento e no pensar de cada pessoa, ao improvisar o *play* com que ela aparece e existe no mundo. Improvisações decorrentes dos processos mentais e das reações ao entorno que fazem a vida possível manifestam-se no *play*. Entre os fatores do *play*, a improvisação é um fator importante na evolução da mente humana. A linguagem resulta de um processo de improvisação. A linguagem e a ação manifestam-se no *play* e são os recursos que o homem tem utilizado para lidar com o desconhecido.

O *play* e a improvisação subjacente, observados psicanaliticamente, possibilitam a apreensão de configurações mentais que ainda incidem na vida humana, trazendo, por vezes, muito sofrimento, e possibilitam alcançar a pré-história do desenvolvimento psíquico humano. Uma visão científica dos achados arqueológicos, da religião e do *play* expandem a apreensão da nossa realidade psíquica.

Atividades ritualísticas observadas, ainda que não se conheça o que as inspiravam, surgiram da curiosidade e do temor pelo mistério da origem da vida e da morte.

O conflito entre o narcisismo e o"social-ismo" se traduz num conflito entre intuição e racionalização. A manifestação do intuitivo geralmente é posta em dúvida, desacreditada e menosprezada, pelo indivíduo e pelo grupo circundante. Neste momento penso no trabalho de Bion "On arrogance" (1967), junto ao mito do Éden, da Torre de Babel e do Édipo Rei. A fantasia de importância estimula e exacerba o aparecimento da arrogância, que se transforma no processo alucinado de estar encarnado em Deus, que exige uma comunicação racional eivada de onisciência, em vez de uma comunicação espontânea, viva e intuitiva. A ignorância fica encoberta por uma sabedoria falsa, enganosa, mesmo mentirosa, mas aceita e sancionada pelo *establishment* interno e grupal. A arrogância é a cobertura para o desamparo, para a dor da ignorância e o pasmo diante do desconhecido da pessoa e da vida.

Substituição

Ao privilegiar, mais uma vez, a observação em psicanálise, refiro-me não a alguma nova teoria, mas aos eventos ocorridos durante uma sessão em que nossa atenção disciplinadamente se volta à apreensão da realidade psíquica, não sensorial. A qualidade desejável na observação é a precisão de direção, voltada ao desconhecido, isto é, àquilo que ainda não aconteceu. Bion, no Capítulo 13 de *Atenção e interpretação* (1973), afirma que "a falha está na negligência em observar, e é intensificada pela inabilidade em apreciar a significação da observação". Continua: "raramente falhei ao experimentar ódio à psicanálise, e sua recíproca, a sexualização da psicanálise são partes de uma conjunção constante".

Apresento o resultado de muitos anos de trabalho, afirmando que só venho aprendendo o que não sabia pelo aprimoramento da minha observação. Exemplificando, apresento uma imagem visual, verbalizada por uma analisanda: "vejo uma plantação de limoeiros, enorme; eram todos iguais, verdes; chego a sentir a fragrância dos limões. Um cheiro bom. Vejo essa imagem agora".

A analisanda observou o campo, mas cometeu um engano sensorial de observação, ao fazer uma constatação grosseira e superficial. Os limoeiros não eram iguais. Se tivesse refinado a percepção, teria visto as enormes diferenças entre eles, a singularidade de cada árvore. Ao observarmos um grupo de homens, inicialmente podemos dizer que são indivíduos humanos comuns. Se fizermos uma observação apurada, iremos ver diferenças de sexo, cor, estatura etc. Mas a observação ainda será sensorial. Dirigindo nossa atenção para o psíquico revelado através do *play*, veremos a diversidade e a singularidade de cada pessoa. Torna-se muito importante a discriminação entre a diversidade psíquica do analisando e a diversidade psíquica do analista. Chamo a atenção para a diferença de natureza que surge nas situações conflituosas, nas exposições verbalizadas ou nos problemas apresentados. Se não atentarmos para essas ocorrências, certamente chegaremos a conclusões falsas ou a verbalizações errôneas. Sem a discriminação da diferença de natureza, estaremos enganados quanto à direção que daremos à nossa busca do desconhecido: o objeto da investigação psicanalítica é o desconhecido da realidade psíquica não sensorial. A discriminação da diferença de natureza consiste em separar a realidade psíquica não sensorial da realidade psíquica sensorial, nas associações do analisando.

A clivagem compulsória leva o indivíduo a não discriminar o vivo do não vivo, isto é, ele não percebe o que é um contato emocional e o que é a percepção da experiência emocional.

A não apreensão do psíquico tem como resultado a percepção de um mundo de objetos concretos. No trabalho *Razão e emoção*, Franklin L. e Silva (2014), sintetizando toda a argúcia de Bergson, expõe suas ideias muito precisas sobre as duas formas de apreensão do conhecimento. Ele diz que pelo exercício da razão a pessoa abrange a generalidade, pois o conceito é sempre uma representação geral; mantendo uma distância, toca o objeto, focalizando-o de longe a partir da exterioridade. Ao contrário, quando isso não ocorre aparecem formas de vinculação originadas nas profundidades do indivíduo, por isso desconhecidas e às quais chamamos de emoção e intuição

Na escuta disciplinada dirigida ao desconhecido é que podemos distinguir as diversas nuances da improvisação, diferenciando os aspectos da personalidade neurótica dos da personalidade psicótica. Nessa escuta, dou maior significado às improvisações que indicam contato com os aspectos não neuróticos da personalidade.

Minha atenção tem sido estimulada ao observar os fenômenos que Frank Philips chamou de improvisação. Bion também aborda em *Cogitations* (1971, p. 292) o tema improvisação, mas de um vértice aparentemente diferente do de Philips. Faço uma aproximação dos dois vértices para fundamentar o cerne de minhas observações. Para Philips, a improvisação é algo imprescindível ao viver, pois todo pensamento, toda reflexão e toda ação são improvisados, consciente ou inconscientemente, como manifestam-se nos sonhos, e organizam o *play* necessário em cada momento da vida. O *play* como uma improvisação natural é fruto de uma negociação interna entre os fatores da realidade psíquica não sensorial e os fatores psíquicos resultantes dos embates com as vivências experimentadas na realidade externa. As oscilações observadas nas formas habituais de comportamento humano são consequências dos processos que ocorrem no interior da pessoa, e abrangem as chamadas perturbações mentais. O que chamamos sanidade consciente parece corresponder à improvisação natural

Para Bion, a improvisação é uma fachada, e cumpre-nos sempre desvendar o que há por detrás dela – ou mesmo se há alguma coisa por detrás dela. Para o analista, esse é o problema central a ser investigado. Essa improvisação, ainda que necessária ao viver, tem uma função encobridora, resultando numa substituição da real manifestação da personalidade por uma espécie de personagem.

Tenho um respeito especial pela afirmação de Bion: "Drogas são substitutos usados por aqueles que não podem esperar. O substituto é o que não pode satisfazer sem destruir a capacidade de discriminação do real daquilo que é falso" (Bion, 1971, p. 299).

Considero como drogas tudo aquilo que surge no lugar de uma comunicação verdadeira, advinda da evolução de um processo mental, operado por uma função alfa preservada e, portanto, ativa. A função alfa é que torna impressões sensoriais e experiências emocionais disponíveis à manutenção do *play*.

Como todos os processos mentais, o *play* sofre as vicissitudes geradas pela avidez e pela inveja, e, como consequência, surge uma confusão na discriminação do interno e do externo. O analisando aparece perseguido por seus pensamentos, que são projetados em pessoas, fatos, conflitos e experiências vivenciadas sensorialmente. Nesses momentos, observamos um "substituto" formado pelo conglomerado de fragmentos da personalidade que compõem uma improvisação. Assim, essa improvisação-substituição é um simulacro de *play*, não revela, e sim esconde, o indivíduo que ele é.

Vou considerar agora um tipo de clivagem que os tradutores de Bion chamaram clivagem forçada, mas que prefiro chamar de clivagem compulsória. Trata-se da clivagem primitiva que o bebê estabelece pela necessidade de sobreviver. O bebê estabelece uma relação anômala com o seio ou seus substitutos. O bebê recebe alimento e também amor, cuidados, contenção e outros tipo de atenção. Se avidez e inveja são estados de mente muito intensos, o bebê dirige ao seio ódio e ataques destrutivos, como Melanie Klein descreveu. Quando essa emoção é muito forte, fica inibido o impulso para mamar e surge o temor ao aniquilamento. Esse fato o impede de procurar o seio e reiniciar a sucção. O temor ao aniquilamento, o ódio, a inveja, o levam à destruição da percepção de todos os sentimentos. O resultado dessa situação interna conduz a essa divisão compulsória, que acompanha o indivíduo por toda a existência: ele busca sempre as comodidades materiais e as substituições de ordem racional que o impedem de reconhecer a existência de um objeto vivo. O resultado é a destruição da função alfa. Penso que o quadro psíquico descrito é conhecido por todos.

Em muitos outros momentos de seus escritos Bion refere-se à substituição. Emprega-a em contextos diferentes, mas sempre com o mesmo significado: algo que é substituído por outra coisa. Ou uma experiência emocional substituída por outra, ou ainda uma teoria no lugar de uma observação.

Faço essa citação para introduzir uma qualidade de improvisação que chamo de substituição. Essa improvisação se manifesta na sessão, e nós percebemos alguém que substitui a apreensão de sentimentos e emoções por explicações racionalizadas e teóricas. Repetindo opiniões de terceiros, são indivíduos pródigos em teorias, em memórias e desejos de sabedoria, mas não conhecem o que pensam e sentem e suas comunicações são desprovidas de emoção. Essa observação estendo a analisados e analistas.

Uma qualidade de substituição é a observação do fenômeno da repetição. Algumas pessoas reproduzem as opiniões dos outros como se fossem suas. Repetem lugares-comuns e frases feitas. Para dar qualquer opinião sobre acontecimentos, filmes, peça de teatro, não dizem o que pensam, repetem conhecimentos parasitados, utilizados em uma comunicação desprovida de emoção.

Esse mecanismo, muito frequente, camufla uma inexistência, escondida nessa substituição. É observado, também, em pessoas que são hábeis eruditos e usam citações, referências a autores e têm um vasto interesse em acumular informações que servem como uma contribuição pessoal de pensamentos, sentimentos e reflexões racionalizadas. Esse processo explicativo-raciocinado, muito observado nas chamadas associações dos analisandos, é uma substituição. A racionalidade explicativa e causal é um recurso para encobrir o real contato com os processos psíquicos, em que não se estabelecem os elementos alfa usados nos pensamentos oníricos e no processo do pensar inconsciente, o sonhar da vigília. O contato com seus sentimentos é achatado e leva o indivíduo a uma platitude na sua vida emocional. Poder-se-ia dizer que suas observações são pobres, estereotipadas e reasseguradoras. Na observação durante a sessão, o indivíduo toma medidas para se esconder, ele se substitui por relatos do que fez, faz ou pretende fazer. Observa-se o *Homo faber* em lugar do *Homo sapiens*. Aparece um personagem sábio, erudito, que encobre o indivíduo – substituição que é função da inveja e da avidez. A dor de entrar em contato com os seu próprios recursos é outro fator a considerar, pois substitui a observação e a intuição pelos pressupostos do dever ser, uma vez que ele está submetido a um superego cruel e invejoso. O indivíduo não pode ser simplesmente um homem comum.

Em um momento de minhas reflexões lembrei-me de um texto de Philips (1997) chamado *Desordem*, em que ele se refere à imitação. Afirma que a imitação é alucinada. Na observação dessas ocorrências na relação psicanalítica, vê-se que, para que haja uma substituição, são necessárias a imitação e a concomitante alucinação.

Estou acentuando o observável na sessão, o que não afasta a percepção de outros fatores envolvidos na substituição. Por exemplo, a avidez e a inveja, o ódio à psicanálise – como a ferramenta útil para termos acesso à mente –, ou o ódio à própria mente. Temos que considerar também o medo do sofrimento e da turbulência emocional implícita no processo psicanalítico. Considero esse último fator de grande importância nos processos de evasão e substituição. A observação das associações dos analisandos nos dá a oportunidade de reconhecer esses fenômenos. Há um trecho em *Atenção e interpretação* (1973) que me parece muito significativo: Bion diz que "a ideia nutrida por amor desenvolve-se de sua matriz até a função na linguagem de achievement" (1970, p. 141). Quando a ideia está sujeita aos ataques odiosos e é dividida repetidamente, numa espécie de divisão cancerosa, há um grande número de ideias que são comunicadas, ideias que são as mesmas, embora maquiadas com outras emoções, mas que na realidade são fragmentos da personalidade arranjada para apresentar um personagem. A ação da inveja e avidez mantém um fluxo constante de evasão ou substituição.

Pela observação, nota-se na pessoa uma proliferação de ideias, teorias, citações, leituras, filmes, peças de teatro que são colocadas de uma forma rude e sem elaboração. Ouve-se do indivíduo teorias racionalizadas sobre tudo que se experimenta e se apresenta à experiência analítica. Substitui-se a experiência vivenciada por uma enxurrada de afirmações lógicas que encobrem a presença do indivíduo. Quando observamos uma ausência, que Bion chamou de vacância, essa é o resultado de avidez, inveja, ódio, destruição e perseguição. Torna-se importante a observação desses achados clínicos para que a análise seja criativa para a dupla analisando e psicanalista.

Minha atenção se dirige agora para a linguagem, que é o instrumento de comunicação na sessão. Vou utilizar algumas ideias de Bion contidas no último capítulo de *Atenção e interpretação* (1973). A observação mostra que o encontro analisando-analista comporta diferentes qualidades de linguagem, pois a linguagem pode ser tanto um prelúdio ou uma substituição para a ação quanto também uma ação. Quando há na sessão um encontro entre o analista e o analisando, Bion o chama de *language of achievement*. Mas há outras experiências em que aparece uma linguagem que Bion chamou de linguagem de substituição.

Nas improvisações em que observamos a substituição, a linguagem expressa todo o jargão psicopatológico e expressões em termos de queixas sadomasoquistas, trivialidades, e o substrato dessa transformação está fundamentada na avidez e na inveja. Na improvisação psicótica, observamos a substituição completa da personalidade por uma improvisação-substituição de fragmentos justapostos que substitui a personalidade. Não encontramos uma personalidade, mas um personagem.

Referências

Alves, D. B. (2014). *Tessitura de uma experiência*. São Paulo, SP: [s.n.]

Bion, W. R. (1967). *Second thoughts*. London: Karnac Books.

Bion, W. R. (1970). *Attention and interpretation*. London: Tavistock Publications.

Bion, W. R. (1971). *Cogitations*. London: Karnac Books.

Bion, W. R. (1973). *Atenção e interpretação*. Rio de Janeiro, RJ: Imago.

Bion, W. R. (1991). *A memoir of the future*. London: Karnac Books.

Bion, W. R. (2000). *Cogitações*. Rio de Janeiro, RJ: Imago.

Eliade, M. (1978). *História das crenças e das idéias religiosas*. Rio de Janeiro, RJ: Zahar.

Leopoldo e Silva, F. (2014). *Razão e emoção*. Trabalho apresentado na Livraria Cultura durante o lançamento do livro *Tessitura de uma experiência*.

Philips, F. J. (1997). *Desordem. A psicanálise do desconhecido*. São Paulo, SP: Editora 34.

Philips, F. J. (2003). *Play*. São Paulo, SP: Casa do Psicólogo.

11. Os desconhecidos, dentro e fora do *conhecer* [1]

João Carlos Braga

> ... *o gênero humano não pode suportar tanta realidade.*
>
> T. S. Eliot, *Burnt Norton*
>
> *Eu podia estar encerrado em uma casca de noz e considerar-me o rei dum espaço infinito.*
>
> Shakespeare, *Hamlet*, ato 2, cena 2

Em *Transformações* (1965), Bion nos propõe uma revolução na visão da mente e na metodologia psicanalítica para dela nos aproximarmos. Em sua busca de discriminar os âmbitos em que ocorre uma psicanálise, Bion nos aponta que há âmbitos mentais que, para alcançarmos, é necessário que abandonemos as perspectivas da psicopatologia e da relação de causa e efeito, assim como a da polarização entre consciente e inconsciente. Propõe que fica útil pensarmos em termos de finito e infinito (Bion, 1965). Levei

---

[1] Trabalho apresentado na IX Jornada Psicanálise: Bion 2016 da Sociedade Brasileira de Psicanálise de São Paulo (SBPSP), 15 de abril de 2016.

tempo para alcançar este seu movimento – isto é, embora tendo a *informação*, não havia integrado em mim esta ideia. Hoje o entendo (*conheço*) como um ousado passo para trazer o pensamento psicanalítico para a forma de pensar da ciência e das artes no século XX, deixando para trás a visão otimista de termos capacidades para tudo conhecer e explicar – inclusive a infinitude e a singularidade de cada personalidade. Bion abre nossos olhos para enxergarmos que o campo do conhecer individual é uma casca de noz flutuando em um espaço infinito.

Aqui fica entrevisto um modelo de mente que pictoricamente poderia ser representado como uma esfera intersectada por um plano ilimitado. A esfera (a "casca de noz") é o âmbito do *conhecer*, do simbólico, dos desenvolvimentos com o aprender com a experiência. O espaço em comum na intersecção da esfera com o plano infinito traduz a realidade passível de ser vivida, mas só conhecida quando nos dispomos a por ela nos deixar encarnar, "arrebatado ao infinito vazio e sem forma" (Milton *apud* Bion, 1965, p. 176). E o plano infinito é o *desconhecido fora do conhecer*.

Seguindo esse modelo da mente, podemos olhar a história da psicanálise pelo vértice da relação da vida mental com *os desconhecidos, dentro e fora do conhecer*. Inicia-se com Freud e os *desconhecidos dentro do conhecer*, aquilo que é tornado desconhecido pela repressão, pela projeção, pela forclusão, pela negação. Com Melanie Klein e com o próprio Bion, o campo analítico ganha significativa expansão com a inclusão (1) do que é desconhecido por não ter tido desenvolvimento simbólico suficiente para ser representado; e (2) com o falso conhecer alcançado por um processo mental ativo de distorcer a experiência. Ainda com Bion, maior expansão ainda ocorre com a identificação de âmbitos mentais infensos ao *conhecer*, os *desconhecidos fora do conhecer*: os pensamentos sem pensador, a dimensão do *ser ou tornar-se a realidade* e a da mente primordial.

Sintetizo essas questões em duas ideias, que aqui serão tratadas como postulados. Primeira, que o que nos é conhecido até hoje é que analista e analisando, inelutável e historicamente, oscilam entre experiências de conhecer/não conhecer e de colocar-se em sintonia/evitar a realidade psíquica não sensorial. Em segundo lugar, que cada analista, com a elaboração de suas experiências sob a égide do princípio da realidade, vai mudando sua compreensão e sua forma de ser analista, em um percurso que tende para o mais primordial, para o mais complexo e para o se tornar de fato quem ele é. Nesse caminho, o *desconhecido* enquanto o não pensado, o não vivido e o infinito constitui o nosso horizonte: jamais o alcançaremos. Mas, nesse caminho, vamos alcançando melhores aproximações com o que existe e melhores soluções para o reprimido, para o não desenvolvido simbolicamente, para o pensamento ativamente distorcido e assim tornado desconhecido, como também para a convivência com pensamentos ainda não nascidos e com o indiferenciado entre mente e corpo.

A seguir, retomo esses *desconhecidos* em sucessivas aproximações.

A primeira aproximação: o desconhecido *no cotidiano prosaico*

Dias após ter recebido o convite para escrever sobre este tema nesta jornada, escutei em um jornal da televisão a frase "desconhecido é o que ainda não compreendemos". Foi a tradução dada às palavras enunciadas por Timothy Berners-Lee na conferência de encerramento do simpósio *O desconhecido, a 100 anos de hoje*, realizada em dezembro de 2015, em Lisboa. Ao escutá-la, dei-me conta, imediatamente, que me oferecia uma concepção simples e ampla de *desconhecido*, que poderia ajudar a aproximar o tema e a favorecer a discriminação dos diferentes âmbitos mentais em que com ele nos havemos, no dia a dia do psicanalista. Pareceu-me oferecer uma boa introdução, tanto para a ubiquidade do desconhecido como também para sua complexidade. Sua ampla gama de aplicação vai desde o que existe na natureza, mas que ainda não entrou no campo do entendimento do indivíduo ou da espécie; passa pela essência de toda e qualquer coisa ou ser (incognoscível por definição), pelo que sabemos que sabemos mas em que ainda não nos tornamos; até o imenso campo do que ignoramos – aquilo que já sabemos mas que afastamos de nossa mente, com diferentes graus de consciência. Nesses domínios, vamos encontrar o que não é conscientemente conhecido, o que é negado, forcluído, projetado ou introjetado identificatoriamente, assim como em preconcepções que continuam vazias de realizações ou como "pensamentos" desmentalizados.

Ao olhar assim, me imagino repetindo os passos de Bion no caminho que seu pensamento trilhou até alcançar a proposição escolhida para esta Jornada, pois, embora o referente *desconhecido* surja dentro de sua teoria do conhecimento (1962, 1963, 1965), ele só ganhou a importância que hoje alcançou quando passou a ser examinado pelo vértice da observação psicanalítica, na teoria das transformações (1965), ao ser feita a discriminação entre os âmbitos do *conhecer* e do *ir sendo a realidade*.

Mas mesmo essas discriminações logo se configuram como complexidades, à medida que nos aprofundamos no problema por meio de leituras, de reflexões e do exame de situações clínicas.

Em uma breve síntese, *desconhecido* tem um sentido se estamos nos domínios clássicos da psicologia (como na frase de Berners-Lee, em que pensar é compreender), e outro se estamos na dimensão do *conhecer* como o *vir a conhecer* (como na teoria do conhecimento de Bion), e ainda um terceiro se estamos no âmbito do colocarmo-nos *unos com a realidade* (como na teoria das transformações em *ser*, de Bion). Interessantemente, é possível rastrear esta última posição até à recomendação de Charcot, citada por Freud (1893): olhar, olhar, olhar, até que algo adquira sentido. Vejo nessa formulação a condição de unificar os caminhos do *conhecer* e do *ir sendo a realidade* – o dia a dia do psicanalista.

A segunda aproximação: desconhecido é o que nos apela para ser pensado

Venho, há anos, escrevendo várias vezes ao dia o protocolo "www", ao acessar um domínio da internet. Nunca havia me interessado em buscar o que significava. Na notícia que referi anteriormente, também aprendi que Berners-Lee foi o seu criador, e que www é a abreviação de *"world wide web"*. Formou-se em minha mente, no momento dessa compreensão, a imagem de um globo terrestre envolvido por uma grossa rede de fios e *realizei* o significado de *entrar na internet*. Experimentei uma agradável sensação de expansão mental; algo passou a fazer parte de mim que, instantaneamente, ficou integrado. Adquirira um *conhecimento* há muito existente na infinitude do desconhecido no qual vivo imerso.

Refletindo sobre o episódio, percebi que, simultaneamente ao que descrevi e que identifico ter o sentido de *conhecer*, estive às voltas com dois outros diferentes domínios mentais. Com facilidade, inicialmente percebi em mim um funcionamento automatizado, não mentalizado, ao utilizar-me rotineiramente do protocolo "www", também presente nas *informações* fatuais (*world wide web, Berners-Lee, Lisboa, dezembro de 2015*). Vejo estas como pertencentes a um verniz cognitivo, dados condensados a um rápido esquecimento. E, em segundo lugar, de forma mais sofrida e demorada, identifiquei que o que vivi havia me colocado, por breves instantes, em *comunhão* ("*at one*") com algo indescritível e misterioso, mas poderosamente presente, que aqui descrevo como uma vivência fugidia de que existo em dimensões que *desconheço*.

Facilmente correlaciono o que acabo de escrever com a proposta de trabalho psicanalítico que considera de importância secundária os significados, enquanto o aprender com a experiência e o colocar-se em comunhão com a realidade são vistos de importância fundamental. Isso acresce sentido para minha prática psicanalítica? Ou será a minha experiência psicanalítica que me possibilitou chegar a essa conclusão? Muito possivelmente, ambos se fertilizaram mutuamente.

Aproximo dessa descrição duas teses: (1) que o contato com a realidade é multifacetado e pode ser avaliado por diferentes "termômetros"; e (2) que há diferenças fundamentais entre *ignorar*, *desconhecer* e *incognoscibilidade*, assim como entre *informação*, *realização* e *comunhão*, sendo de muita utilidade no trabalho psicanalítico que as reconheçamos. Afinal, nossa Jornada busca discutir as ideias de Bion sobre o que de fato importa para a prática psicanalítica: ampliar sua utilidade para o analisando utilizando os recursos das *compreensões*, do *aprender com a experiência* e do *ir sendo a realidade*, ousando contrariar a forte tendência a evitar o contato com o ignorado, o desconhecido e o incognoscível.

A terceira aproximação: desconhecido *é o que somos, mas em que ainda não nos tornamos*

Das formas de desconhecido com que convivemos na clínica, identificados por Bion (ser ou tornar-se a realidade, pensamentos sem pensador e manifestações da mente primordial), o que somos e em que ainda não nos tornamos é, de muito, a forma mais importante no trabalho analítico. Esta forma de pensar a psicanálise, podemos mesmo dizer, passa a ser uma das especificidades do método psicanalítico.

Na minha maneira de perceber as coisas – e de organizá-las em minha mente –, experimento como artificial tratar como excludentes as dimensões do *conhecer* e do *estar em comunhão*, como de fato parecem sê-lo. Prefiro tratá-las pela *relação* que sustentam entre si. Em descrições psicanalíticas são frequentes as observações que parecem ser um processo contínuo de acúmulo de experiências na dimensão do *conhecer*. Mas, subitamente, a qualidade da experiência muda, e percebe-se estar na dimensão do *tornar-se a realidade*. Por outro lado, às vezes a experiência é abrupta, revelando que um salto foi dado e que a experiência mental que agora está ocorrendo não é mais um pensamento em evolução, mas sim a sensação interior de harmonizar-se com a realidade em vivências de prazer, de encantamento ou de dor mental.

Quando avalio esta minha forma de pensar buscando utilizar as experiências emocionais na dimensão do *ir sendo a realidade*, percebo que tendo a fazer um uso que vejo como pouco usual, mesmo entre colegas com quem identifico boa afinidade de pensamento psicanalítico: em vez de buscar criar uma experiência de *ser*, mas também sem buscar *explicar* ao analisando o que percebo estar evoluindo na relação, tendo a *descrever* a experiência em andamento. Nem sempre percebo uma fronteira clara entre *explicar* e *descrever*, mas frequentemente o consigo. Fica-me como a experiência dos quadros impressionistas com suas figuras com contornos pouco nítidos, mas identificadas com o recurso do contraste de cores.

Faz-me pensar na descrição de Bion em "Evidência":

> *O que na realidade tornou-se visível para mim eu podia descrevê-lo através da escrita de um Y. Aí me ocorreu que eu podia ficar mais compreensível se a gente soletrasse do seguinte modo: "Why-shaped stare". O único problema era que eu não sabia como dizer isto ao paciente de um modo que tivesse algum significado, nem eu conseguiria produzir qualquer evidência para isto – a não ser que esta era a imagem que havia sido evocada em minha mente. E então eu não disse nada. Depois de alguns momentos o paciente prosseguiu e comecei a produzir o que me pareciam interpretações psicanalíticas razoavelmente plausíveis (Bion, 1976, p. 130).*

Ou seja, aparentemente Bion oscilava entre aproximações voltadas ao *tornar-se a realidade* e ao *conhecer*.

A *quarta aproximação: os* desconhecidos *fora do* conhecer

A expressão de Sílvia, ao encontrá-la na sala de espera, é bastante carregada. Acodem-me à mente as angústias intensas presentes na sessão anterior, ancoradas na identificação de uma imagem de ultrassom que levara seu médico a solicitar uma biópsia. Lamento, internamente, ser esta agora a última sessão antes das férias de verão.

De fato, inicia a sessão descrevendo suas ansiedades frente à biópsia. Carrega nas associações da perda da mãe, vítima do quadro que agora era suspeita de estar vivendo. Amplia-as para o mesmo já ter ocorrido com sua avó materna. Enfatiza a proximidade de idades em que isto ocorreu com ambas: a sua idade presente. Avalio ter se criado um clima emocional muito intenso na sessão, com uma qualidade mais para o terror do que para o depressivo, que desemboca em uma afirmação contundente: "Achei que não iria te dizer, mas já decidi que se a biópsia der positiva, não volto mais para as sessões".

Se eu já estava desconfortável com a separação de férias justo neste momento, percebo meu desconforto exacerbar-se. Passo a sentir-me pressionado a intervir, como a tentar proteger a continuidade de nosso trabalho. Como ela fica em silêncio, como se me aguardasse, tenho alguns instantes para pensar. Então digo-lhe: "Não sabemos o que pode aparecer na biópsia, mas ambos já podemos acompanhar que você está com dúvidas de nossa condição de podermos lidar juntos com o que possa ser uma situação muito difícil para você".

O que lhe disse deve ter sido útil, pois Sílvia encontra um espaço para me incluir em suas elaborações. Surpreende-me contando um sonho, pois referir sonhos, acordada ou adormecida, era um evento muitíssimo raro em suas sessões: "Vinha para a sessão, mas encontrava fechada a porta da sala de atendimento. Na sala de espera, de alguma forma dava-me conta que você estava atendendo um menino e que então não iria atender-me. Dava-me conta, também, de que, em outra parte da casa havia uma festa acontecendo, à qual eu não era convidada". Não faz associações. Apenas acrescenta que o menino deveria ter uns 9 anos. E fica em silêncio.

Pelo momento de separação de férias, avalio que o sonho manifesto oferecia um caminho acessível à mente primitiva, facilmente compartilhado por nós dois – uma vivência de abandono frente a ansiedades muito intensas, um *desconhecido* assustador. Mas o que deveras me impactara (minha experiência emocional) foi o fato de 9 anos ser a idade de meu neto, com quem eu estava indo passar minhas férias. Em rápido retrospecto, não identifico possíveis fontes de informação pelas quais ela pudesse dispor desse dado. Fiquei uns instantes em dúvida sobre o caminho a escolher; devo ter me deixado levar por um pensamento intuitivo e, após momentos de hesitação, lutando com meus temores, disse-lhe: "Você me demonstra um conhecimento não conhecido seu, de que existe um menino com quem eu vou ficar ao deixá-la neste momento tão difícil para você".

Há um silêncio pesado, como se tivéssemos perdido o chão que nos apoiava. Sílvia parece muito surpresa com meu posicionamento inusitado. Eu me surpreendo, tanto com a experiência que acabara de acontecer como com a evolução da sessão: o clima de tensão persiste, mas passa a ser como que envolto por uma camada de intimidade em que jorram comunicações, que abrem possibilidades para olharmos a situação presente. Emergem lembranças suas de rivalidade, desde a infância, com o irmão menor, sua crença de estar frente a um desastre iminente, delusões[2] sobre um destino pré-traçado de morrer de câncer assim como sua mãe e sua avó, como também o de ter de se resignar a uma posição subalterna em relacionamentos afetivos: via o pai preferindo o irmão – e não ela. O dado factual que incluí ("o menino com quem eu vou ficar ao deixá-la") não é levado em conta.

O momento da sessão é estranho, perturbador e emocionalmente intenso.

---

2 Tenho achado importante diferenciar delusões de delírios, a tradução habitualmente escolhida para *delusions*. Entendo delusões como falsas concepções inconscientes (as *misconceptions* de Money-Kyrle), produtos da conjunção de uma pré-concepção com realizações externas que não a saturam suficientemente para formar uma concepção adequada, como em Bion, *Transformações*, p. 151. A palavra "delusão" existe em português e parece-me atender às nossas necessidades: burla, engano, delírio incipiente. (*Dicionário Brasileiro da Língua Portuguesa* – Ed. Mirador).

Para a utilização que aqui estou buscando, tomo esse material como ilustrativo do amálgama de elementos de diferentes *desconhecidos, dentro e fora do conhecer*, alguns óbvios como as fantasias sobre o resultado da biópsia e da separação de férias; outros, pelo contrário, como o contato com algo poderoso e misterioso evolvendo entre nós.

Após a sessão, avaliei que o que eu temera incluir como "conhecimento não conhecido" tivera a função de um catalizador em uma reação química: estimula sua ocorrência, mas dela não participa como reagente. Também avaliei que uma interpretação sobre os conteúdos do sonho (transferencial, identificação projetiva) teria nos levado a dimensões mentais outras (possivelmente as da *informação* ou, na melhor hipótese, do *conhecer*), e não à constatação de que havia algo psiquicamente real, embora desconhecido, sendo vivido. Avaliei também que aceitara entrar em terreno não só desconhecido, mas também tratado por mim como interditado à minha forma de pensar o trabalho analítico, e que subitamente descubro disponível para evoluir entre nós, embora não redutível ao *conhecer*. Descubro-me com a convicção de que vivera com Sílvia algo muito importante, que me oferecia a convicção de que algo meu misteriosamente ficara comum a nossas mentes. Também reconheci que minha intervenção teve o efeito de favorecer que Silvia afrouxasse o controle sobre manifestações de seu contato com seus processos de apreensão do que vive emocionalmente, conquista que a vejo vir sustentando com significativos esforços.

Embora essa experiência não tenho voltado a receber nossa atenção na continuidade do trabalho analítico, avalio que foi um ponto de mutação em nosso trabalho.

A quinta aproximação: uma visão psicanalítica

Descrevi, nos itens anteriores, duas experiências emocionais minhas. Esse é o nome do cerne do que põe em movimento o que está me interessando examinar como parte do contato com os *desconhecidos* em uma análise. Algo se conjuga (*coloca sob o mesmo jugo* dois ou mais elementos), criando um estado emocional especial nos envolvidos. No primeiro caso, minha experiência onírica que ganhou forma na imagem de um "globo terrestre envolvido por uma grossa camada de fios". No segundo caso, a constatação de que algo ocorreu sob a forma de uma sintonia entre minha mente e a de Sílvia, seja em sua descrição de um sonho que retratava fielmente minha experiência, seja no próprio estado mental de comunhão ("*at one*") que vivenciamos na sessão descrita.

No primeiro, o desconhecido está dentro do *conhecer*, dele se nutre e nele evolve e se integra. Podemos postular que estamos no âmbito da formação de pensamentos a partir de experiências emocionais, como descrito por Bion em *O aprender com a experiência* (1962).

No segundo, o sonho de Sílvia, o que se fez presente impacta e encanta pelo insólito. A manifestação onírica dela e a minha intuição de apontar o misterioso desconhecido ganhando corpo entre nós se encerram em si mesmas. A experiência emocional é vivida e conscientizada não para ser transformada em conhecimento, mas em crescimento da personalidade, algo "conquistado ao infinito vazio e sem forma" a ser tolerado em seu mistério.

Poucos anos atrás, muito possivelmente não teria ousado trabalhar a experiência emocional com Sílvia da forma como fiz. Creio que o que agora me permitiu fazê-lo foi a crescente confiança de que estados mentais *desconhecidos* podem ser vividos na situação analítica, para além das manifestações da mente primitiva, advindos de um maior contato com a dimensão do ficar em uníssono com a realidade e do que assim se abre para ser vivido. Também devem ter reforçado essa confiança descrições de colegas, como a feita por Gisèle Brito em sua apresentação no último congresso brasileiro e as palavras de Bion no Capítulo 6 de *Seminários italianos* (1977), após o relato por um participante de um episódio semelhante ao aqui descrito, que transcrevo a seguir.

Encerro este texto com algumas frases de Bion que nos apontam para um desconhecido mais puro do que o que estamos acostumados a pensar como *desconhecido*. Retirei-as do referido seminário, comentando a descrição do analista participante, e de "Evidência". Busco-as como faróis sinalizando caminhos possíveis para o tema de nossa Jornada:

> *Mas pode ser que as perguntas que foram feitas aqui signifiquem que devemos nos tornar cientes da possibilidade da existência de outros órgãos receptores dos quais nós não estamos cientes... Mas acima de tudo devemos olhar para o que nos mostram – e a maioria das pessoas não o faz – e depois, enquanto estivermos olhando, devemos nos permitir reconhecer o significado que está além (Bion, 1977, p. 78).*

> *Nós estamos investigando o desconhecido, que pode não nos obrigar a nos coadunarmos ao comportamento que está dentro da faixa apreensível pelas nossas frágeis mentalidades, nossa frágil capacidade para o pensamento racional. Pode ser que nós estejamos lidando com coisas que são tão sutis a ponto de serem virtualmente imperceptíveis, mas que são tão reais que*

poderiam nos destruir e quase que sem a nossa consciência. Esta é a espécie de área na qual nós temos que penetrar (Bion, 1976, p. 141).

Referências

Bion, W. R. (1962). O aprender com a experiência (J. Salomão e P. D. Corrêa, trad.). Rio de Janeiro, RJ: Zahar, 1966.

Bion, W. R. (1963). Elementos de psicanálise (P. C. Sandler, trad.). Rio de Janeiro, RJ: Imago, 2004.

Bion, W. R. (1965). Transformações – Do aprendizado ao crescimento (P. C. Sandler, trad.). Rio de Janeiro, RJ: Imago, 2004.

Bion, W. R. (1976). Evidência (P. C. Sandler, trad.). Revista Brasileira de Psicanálise, 19(1), 1985.

Bion, W. R. (1977). Seminários italianos. Roma: Borla, 1985.

Brito, G. M. (2015). Funções sonhantes da mente desenvolvidas em análise. Apresentado no XXV Congresso Brasileiro de Psicanálise. São Paulo, 2015.

Eliot, T. S. (1943). Poesia (I. Junqueira, trad.). Rio de Janeiro, RJ: Nova Fronteira, 1981.

Freud, S. (1893). Charcot. In S. Freud, Edição standard brasileira das obras psicológicas completas de Sigmund Freud (vol. 3, pp. 21-34) (J. Salomão, trad.). Rio de Janeiro, RJ: Imago, 1976.

Money-Kyrle, R. (1968). Desenvolvimento cognitivo. In Roger Money-Kyrle – Obra selecionada. São Paulo: Casa do Psicólogo, 1996.

Shakespeare, W. (1599). Hamlet (E. Cardoso, trad.). Lisboa: Portugal: Publicações Europa-América.

12. Receptividade e submissão ao infinito da experiência

Julio Frochtengarten

Ao iniciar este texto, impõe-se a mim uma menção à enorme dificuldade vivida antes e durante sua escrita, e mesmo agora, quando sua forma final já está avançada. Uma hipótese a considerar é que essa dificuldade se dá em função do próprio objeto em que procuro focar, o desconhecido. O estímulo desta Jornada é embaraçoso: nos coloca frente ao que não sabemos, algo do qual não podemos falar com propriedade, uma vez que suas qualidades não são presentes. O desconhecido é mais um espaço vazio do que um objeto cujas qualidades se possam identificar e caracterizar.

Assim, a satisfação de dar forma a um pequeno ensaio sobre o desconhecido, "aquilo que não sei", me parece inalcançável. Por outro lado, tenho a experiência, adquirida na vida cotidiana e na prática clínica, de que, se me permito viver e sofrer esse despreparo, algo poderá se delinear; e, se eu souber cultivá-lo, talvez um texto possa surgir. Interesse pelo que não sei, deveria ser visto como uma atitude. Frente à responsabilidade de apresentar aqui um texto, assim como na experiência de receber alguém para análise, é possível manter – ainda que seja um germe –, desta atitude, estado de mente ou disposição para receber aquilo que me escapa? O que não tem nome? Estes parágrafos iniciais foram escritos há cerca de dois meses; conservo-os para dar uma ideia dos percalços pelos quais passei.

A distinção e caracterização que sempre fizemos entre consciente e inconsciente trouxe enormes avanços para a prática e conhecimento psicanalítico. Preencher lacunas de memória, interpretar sentidos subjacentes e revelar marcas registradas na memória historicamente caracterizou e identificou o trabalho analítico; e, pelo menos em parte, o faz até hoje. Na clínica, essa abordagem nos permitiu expandir o consciente e estabelecer suas raízes nos elementos inconscientes.

Nas últimas décadas, a ampliação da noção de um domínio mental que avança para além do consciente e do inconsciente reprimido, e das estruturas id-ego-superego, tem alargado, e continua a expandir, o campo de atuação possível para o psicanalista, enriquecendo enormemente suas possibilidades no trabalho clínico e, consequentemente, a produção teórica daí surgida. Riqueza, criatividade e ideias novas são os ganhos que percebo que estamos tendo com essa expansão. Apesar disso, continuamos a usar o termo "mente", mas apenas como forma de nos referirmos a algo que desconhecemos. Nesta mente, assim concebida, sentimentos e formulações ganham expressão a partir de algo incognoscível.

A personalidade, ou mente, assim retratada psicanaliticamente em detalhe, é um fotograma recente de uma realidade existente há muito tempo, que tem significado apenas na medida em que uma anatomia arcaica possa tê-lo. A psicanálise poderia parecer um fenômeno efêmero que denuncia certas forças na superfície em que a raça humana bruxuleia, tremeluz e esmaece, em resposta a uma realidade não conhecida, porém gigantesca (Bion, 1991, p. 122).

Apresento um relato clínico:

O cliente chega à sessão e me parece bem-disposto. Conta que naquele dia irá a um jantar com colegas de faculdade que, ultimamente, resolveram se encontrar a cada três meses – e não a cada ano, como o faziam –, em vista da idade avançada e perda de alguns antigos colegas. Conta que desta vez ele irá; acrescenta, rindo da situação, que uma colega insistiu em buscá-lo, pois quer "ficar com a glória" de ter conseguido levá-lo. Fala de algumas peculiaridades engraçadas desta colega. O tema o leva a lembrar de situações espirituosas de outro colega nos tempos de faculdade; em seguida mais outros, de quem conta episódios atuais que julga peculiares. Um caso o leva a outro, ri muito enquanto conta. De minha parte, não vejo tanta graça como ele; mas não me percebo crítico, pois sei quanto certas situações vividas são engraçadas quando recordadas entre os que as viveram. Mas não é o meu caso. Não quero deixá-lo constrangido, afinal ele raramente fica à vontade comigo, mas realmente não sei o que dizer. Embora esteja contando para mim, começo a sentir que não tenho nada com tudo aquilo; vai me parecendo que ele está entretido consigo mesmo, uma lembrança puxando outra. Muito tempo se passa entre lembranças e risadas.

Então, me ocorre dizer: "Pois é, estas situações foram engraçadas quando você as viveu, mas a graça tá mesmo em você contá-las para mim".

O efeito é surpreendente: ele parece despertar de um estado inebriado em que estava para se dar conta de minha existência ali, reconhecendo que uma experiência está acontecendo. As manifestações verbais que se sucedem expressam que uma nova percepção se deu.

Destaco que minha intervenção nessa sessão fez surgir algo imprevisível. Penso que essa poderia ser caracterizada como uma Linguagem de Êxito. Esta foi a expressão utilizada por Bion, inspirado numa carta de John Keats a seus irmãos, na qual ele menciona a capacidade negativa com a qual "um homem capaz de permanecer em meio a incertezas, mistérios e dúvidas, sem ter de alcançar nervosamente nenhum fato e razão". Como procurei desenvolver recentemente (Frochtengarten, 2015 e 2016), é a linguagem do analista que surge de imediato, acontece, como surpresa, perplexidade ou espanto. São momentos raros, não ativamente buscados e que não surgem por um gesto de vontade ou pelo valor do conhecimento que o analista tem da situação. É linguagem expressiva e, desse modo, aguça a atenção e promove ruptura no ritmo da sessão, com potencial de despertar reflexão, sobressalto e um enriquecimento insuspeitado da experiência imediata. É linguagem certeira que evoca, assim, uma forma de consciência, de vivência e imersão numa nova situação.

Na ilustração clínica, ela contrasta com uma formulação descritivo-explicativa que visaria, se formulada, dar ciência ao analisando de como, sem que ele perceba, há um outro ali para quem ele faz graça.

Penso que este curto relato clínico pode ilustrar a riqueza e variedade de relações que emanam ao considerarmos a existência da dimensão desconhecida, infinita e imprevisível em toda experiência. Desta não cabe uma definição, pois, do contrário, não seria desconhecida.

É difícil acreditar que a mente – poderíamos provisoriamente chamá-la assim? – não tem nenhuma fronteira que possa ser definida de modo óbvio e claro pelas fronteiras do cérebro humano. Pior ainda é quando se constata que ela é inadequadamente representada por sistemas de análogos (Bion, 1991, p. 87).

Em minha compreensão, Bion está propondo que falar de mente é apenas um modo de nos referirmos a infinito e desconhecido; e que ela não pode ser plenamente representada por meio de pares como consciente-inconsciente.

A ordem, coerência e significado que atribuímos à realidade psíquica são importantes por promoverem sensação de êxito, segurança e coesão. Por este caminho, organizamos e ampliamos nosso conhecimento. Ao mesmo tempo, beiramos, assim, o limite do pensamento criativo. O risco, sempre presente, é que os conhecimentos sejam tomados não mais numa relação entre sujeito que conhece e objetos do conhecimento, mas sim como conhecimentos acerca de objetos, como se fossem qualidades em si dos objetos, conhecidas fora de uma relação – o que se torna um problema ainda maior quando o objeto é a realidade psíquica.

Pelo conforto mental que me proporciona, passar do desconhecido para o conhecido é quase natural, espontâneo, dependendo apenas dos conhecimentos já adquiridos, nas teorias e sobre aquele analisando. Já o abandono do que é conhecido, para me colocar receptivo ao que não sei, será fruto de um esforço contra o hábito e a compreensão. No dizer de Paul Valéry (1998, p. 29), "Qualquer que seja ele, um pensamento que se fixe assume as características de uma hipnose e torna-se, na linguagem lógica, um ídolo; no domínio da construção poética e da arte, uma infrutífera monotonia". É o que pode acontecer com meus pensamentos – assim como com os de Freud, Klein, Bion – que em algum momento passado foram expressos com paixão e singularidade. Nossa contínua formação como analistas deve envolver a disciplina de sabermos nos desfazer de nosso já sabido primeiro.

Penso na realidade psíquica como caos desordenado e sem significado. Meu acesso a esta pode se dar por meio de conjunções constantes e fatos selecionados que se formam em mim e na experiência: formulações finitas a partir dessa matéria bruta, a desconhecidamente primordial:

O mundo saindo águas

escuras e profundas

Ganho do infinito vazio

e informe

(Milton citado por Bion, 1983, p. 178)

Elementos sem ligação, dispersos na experiência – como na posição esquizoparanoide –, podem então ser reunidos, por síntese criativa, em novas associações que dão coerência àquilo que antes não tinha. Posso mesmo atribuir a essas associações significados impregnados pelas teorias que aprendi e ao longo das análises pessoais. Tanto a forma organizadora como os significados atribuídos certamente estão me impregnando quando volto ao domínio da experiência vivida, quando volto a me aproximar de novas experiências igualmente desorganizadas. O conhecimento surge progressivamente, pouco a pouco, por meio de conjunções constantes; mas pode desaparecer de forma súbita, até que algumas vezes aparece e persiste, se manifesta de forma mais repetida e cristalizada.

Reconheço que, tendo adotado esta extensão – a noção de um inconsciente infinito –, nos vemos tomados por perturbação pela possível perda de conhecidas referências, tanto as nossas próprias como as do grupo psicanalítico maior a que pertencemos. Isso talvez não indique diferenças na visão teórica entre os psicanalistas, somente um novo estágio do que se compreende ser a observação em psicanálise. Se passamos a compreender as manifestações da mente como se dando a partir de algo próprio a cada um de nós e próprio a cada experiência singular; se as entendemos como manifestações antes nunca formuladas, nosso instrumento por excelência, a interpretação, terá atingido o limite de seu alcance e possibilidade. Não só tornar o inconsciente em consciente, não só o "onde era id, será ego", não só o atribuir de significados. Será preciso, então, desenvolver e caracterizar este outro instrumento para a atuação do analista na sessão: uma atitude que seja receptiva – ou até mesmo favoreça –, que possa fazer brotar o que ainda não se conhece e que "urge por existir".

Essa atitude impregna o analista voltado para aquilo que não sabe. É possível manter – ainda que num mínimo – essa atitude, estado de mente ou disposição para receber aquilo que nos escapa, o que não tem nome? Em qualquer situação de vida, miríades de fatos se perdem; e só costumamos prestar atenção e considerar aqueles que cabem no nosso conhecimento e linguagem. Se tomamos contato com o conjunto maior de elementos, se nos demoramos neles, superando a dificuldade de viver neste estado, algo antes desconhecido poderá surgir? Minha experiência diz que sim. E, muitas vezes, este antes-desconhecido passa a fazer sua morada em ideias, emoções, fantasias, sonhos, imaginações. Em certos momentos da análise, até delineia pequenas teorias. Afinal, não é sempre assim que estas nascem? O que nos habituamos a chamar *método psicanalítico* pode ser em parte o cultivo, sistematização e revelação dessa atitude.

O interesse pelo que não sei exige receptividade e submissão ao infinito da experiência; as apreensões psíquicas que daí decorrem são importantes para que eu possa prosseguir um trabalho com o analisando, mas não esgotam o que não sei, ao contrário, ampliam o desconhecido. Pois "as pessoas não são sempre iguais, ainda não foram terminadas – elas vão sempre mudando. Afinam ou desafinam" (Rosa, 2006, p. 23).

A caracterização de uma atitude receptiva para com o que não se sabe tem sido formulada mais pela negatividade do que pela revelação assertiva de suas qualidades. Bion propôs (2004, p. 131) que o analista precisaria trabalhar sem memória, sem desejo e sem compreensão. Em *Cogitações* (Bion, 2000, p. 271), ele faz uma interessante analogia, apoiado na demonstração de Heisenberg, entre a dificuldade do analista na situação clínica e a do físico quântico: os fatos observados por este dependem da relação com fatos que são desconhecidos, e que jamais poderão ser conhecidos. Com isso as paredes limitadoras do laboratório são abolidas e, portanto, o próprio laboratório.

Estou propondo aqui alguns elementos afirmativos na tentativa de caracterizar tal atitude:

a. A adoção de algumas poucas e amplas teorias psicanalíticas, a funcionar como um balizamento da experiência, tomando parte na receptividade e submissão ao infinito. Não são teorias a sustentar uma prática, mas sim a dar alguns pressupostos, direções e vértices; a funcionar como mediações no contato com a dimensão desconhecida da experiência, a favorecer a evolução de sensações e emoções para pensamentos.

b. A Linguagem de Êxito, na medida em que uma formulação certeira pode evidenciar a imprevisibilidade e abrir para um desconhecido, alargando a disponibilidade para o contato com estados mentais nascentes.

Penso ter ilustrado a presença deste elemento afirmativo no relato clínico que fiz e em outro que, para finalizar, passo a fazer.

Alguns antecedentes à sessão que vou relatar são importantes. Trata-se de uma sessão de sexta-feira. Para a sessão anterior, a paciente havia solicitado, em razão de um compromisso de trabalho, uma troca de horário para o mesmo dia ou um adiamento para o dia da semana seguinte em que não tem sessão. Ofereci, por meio de mensagem, ambas as possibilidades e não obtive resposta. Chega então nessa sexta-feira explicando que só vira a mensagem muito tarde da noite da véspera, uma vez que seu celular esteve o dia todo, sem que tivesse notado, no modo "silencioso". Não percebo um lamento nessa informação, apesar de, habitualmente, esforçar-se para estar em todas as suas quatro sessões semanais. Não percebo também que ela tenha registro afetivo do meu movimento para atender a uma necessidade sua. Explica que, quanto ao horário que ofereci na semana seguinte, terá que consultar sua agenda no trabalho e o fará assim que chegar lá. À guisa de me explicar como tem estado ocupada, conta que tem feito exames de saúde de rotina; e terá que realizar outro mais, uma vez que seu médico encontrou um cisto que, apesar de não lhe parecer nada significativo, gostaria de investigar melhor. Ao perceber que ela ameaça mudar de assunto – "começar a sessão", como já teve oportunidade de dizer em muitas ocasiões, por não ver nenhum valor no que já está acontecendo –, a interrompo e assinalo que ela me parece ter um médico que cuida muito dela, é dedicado e interessado. Ela concorda; e passa a falar longamente do médico. Enquanto isso, me dou conta que assinalei um aspecto daquela relação por ser raro este tipo de observação e comentário de sua parte. Nestes anos em que a atendo, esta é uma característica bastante presente: ela vem para tratar do que ela mesma considera serem suas dificuldades emocionais; e é pouco receptiva ao que assinalo a partir de observações minhas. Em outras ocasiões em que chamei sua atenção para algum aspecto que se apresenta em sua relação comigo, comumente responde que "isto não tem a ver", como se fosse uma mania minha. Percebo que, neste momento, só está se alongando depois que a estimulei quanto à dimensão amorosa daquela relação; e que ela também nada havia mencionado sobre meu movimento de procurar acomodar os horários. Como sei que não é uma questão de insistir, em querer ter razão, resolvo dizer-lhe, de forma bem-humorada, informal, indagativa: "Ô Fulana (seu nome), talvez você vá pensar que estou com ciúmes, mas percebe que...". Ela irrompe numa gargalhada pouco usual: "Lá vem você...". Continuo: "...percebe que você não notou, ou nada mencionou sobre minha mensagem da troca dos horários? E que está falando da relação dedicada que seu médico tem com você só depois que eu assinalei isso?".

A partir daí ela passa a falar longamente sobre a satisfação em ter mudado para este médico depois que deixou professor conhecido, mas que a tratava com extrema formalidade – ela mesma é bastante formal, na minha observação –, que gosta também de uma profissional indicada pelo médico atual; e que tem grande apreço por estar agora nesta análise que ela sente aproveitar por lhe trazer muitos benefícios. Alonga-se nisso de maneira que me parece sincera e rara. Surpreendo-me ao ouvir dela que já pensou nisso muitas vezes, mas sabe que lhe é difícil falar desse reconhecimento comigo; talvez, diz ela, seja uma maneira de manter distância. Mas diz saber o quanto lhe são difíceis as relações afetivas, ao contrário do que acontece em sua vida profissional.

Percebo que minha intervenção levou-a a se dar conta, ou a poder expressar, sentimentos de reconhecimento para com o trabalho que realizamos na análise.

O que procurei desenvolver aqui encontra numa graciosa e expressiva alegoria do escritor William Faulkner. Escreve ele: "O que a literatura faz é o mesmo que acender um fósforo no campo no meio da noite. Um fósforo não ilumina quase nada, mas nos permite ver quanta escuridão existe ao redor".

Referências

Bion, W. R. (1983). *Transformações: mudança do aprendizado ao crescimento*. Rio de Janeiro, RJ: Imago.

Bion, W. R. (1991). *Uma memória do futuro*. São Paulo, SP: Martins Fontes.

Bion, W. R. (2000). *Cogitações*. Rio de Janeiro, RJ: Imago.

Bion, W. R. (2004). *Atenção e interpretação* (2. ed., P. C. Sandler, trad.). Rio de Janeiro, RJ: Imago.

Frochtengarten, J. Trabalho apresentado no XXV Congresso Brasileiro, out. 2015 e em Mesa Redonda na SBPSP, fev. 2016. (não publicado)

Rosa, J. G. (2006). *Grande Sertão Veredas*. Rio de Janeiro, RJ: Nova Fronteira.

Valéry, P. (1998). *Introdução ao método de Leonardo da Vinci*. São Paulo, SP: Editora 34.

Sobre os autores

Antônio Carlos Eva – Médico formado em 1962 pela Faculdade de Medicina da Universidade de São Paulo (FMUSP). Doutor em Medicina pela mesma instituição e analista didata Sociedade Brasileira de Psicanálise de São Paulo (SBPSP).

Antônio Muniz de Rezende – Psicanalista, membro efetivo da Sociedade Brasileira de Psicanálise de São Paulo (SBPSP), doutor em Filosofia pela Universidade Católica de Louvain, na Bélgica, doutor em Teologia pela Pontifícia Universidade São Tomás de Aquino, em Roma, professor titular aposentado da Universidade de Campinas (Unicamp). Autor de diversos livros sobre Wilfred R. Bion, entre eles: *Bion e o Futuro da Psicanálise* (Papirus).

Arnaldo Chuster – Membro efetivo e didata da Sociedade Psicanalítica do Rio de Janeiro (SPRJ), Training and Teaching Analyst at The Newport Institute of Psychoanalysis (NPI), na Califórnia e membro honorário do Instituto Wilfred Bion, em Porto Alegre. Coordenador de grupos de estudo sobre a obra de Bion em Porto

Alegre, Ribeirão Preto, São Paulo, Goiânia e Fortaleza e no Rio de Janeiro.

Cecil José Rezze – Membro efetivo da Sociedade Brasileira de Psicanálise de São Paulo (SBPSP). Analista didata do Instituto de Psicanálise da SBPSP. Doutor em Medicina pela Faculdade de Medicina da Universidade de São Paulo (FMUSP). Membro da Organização das Jornadas Psicanálise: Bion desde 2008.

Celso Antonio Vieira de Camargo – Graduado em Medicina pela Escola Paulista de Medicina da Universidade Federal de São Paulo (EPM-Unifesp), com dois anos de residência psiquiátrica. Membro efetivo da Sociedade Brasileira de Psicanálise de São Paulo (SBPSP). Editor associado do *Jornal de Psicanálise* (2017-2018). Participante da organização das Jornadas Psicanálise: Bion.

Claudio Castelo Filho – É psicólogo formado pela Universidade de São Paulo (USP), psicanalista, membro efetivo e analista didata da Sociedade Brasileira de Psicanálise de São Paulo (SBPSP), membro da Federação de Psicanálise da América Latina (Fepal) e full member da International Psychoanalytical Association (IPA), mestre em Psicologia Clínica pela Pontifícia Universidade Católica de São Paulo (PUC-SP), doutor em Psicologia Social e professor livre-docente em Psicologia Clínica pela USP. Trabalha em seu consultório particular desde 1985; e como docente e supervisor em cursos de especialização e pós-graduação. É também supervisor de atendimentos do Centro de Estudos e Atendimento Relativos ao Abuso Sexual do Instituto Oscar Freire (Cearas) e membro honorário do Centro de Estudos e Eventos Psicanalíticos de Uberlândia (Ceepu). Tem artigos publicados em diversos livros e periódicos científicos no Brasil e no exterior. É, ainda, artista plástico, pintor e desenhista. Seus trabalhos podem ser vistos no site www.claudiocastelo.com.

Deocleciano Bendocchi Alves – Analista didata e analista de crianças na Sociedade Brasileira de Psicanálise de São Paulo (SBPSP). Publicou inúmeros artigos em revistas psicanalíticas e um livro intitulado *Tessituras de uma experiência* (edição do autor).

Evelise de Souza Marra – Psicóloga graduada pela Universidade de São Paulo (USP) em 1967. Concluiu seu mestrado em 1971 na mesma instituição. Terapeuta de casal e família. Analista didata da Sociedade Brasileira de Psicanálise de São Paulo (SBPSP) e coordenadora das Jornadas Psicanálise: Bion.

João Carlos Braga – É membro efetivo e analista didata da Sociedade Brasileira de Psicanálise de São Paulo (SBPSP) e do Grupo Psicanalítico de Curitiba (GPC).

Julio Frochtengarten – Médico graduado pela Faculdade de Medicina da Universidade de São Paulo (FMUSP) em 1973. Membro efetivo e analista didata da Sociedade Brasileira de Psicanálise de São Paulo (SBPSP) desde 1994. Coordenador de seminários clínicos e teóricos do Instituto de Psicanálise da SBPSP desde 1990, especialmente nos de Freud e Bion. Membro da comissão de ensino do Instituto de Psicanálise entre 1993 e 2000. Desempenha diversas funções científicas na SBPSP. Tem publicado diversos artigos em livros e revistas brasileiras.

Luiz Carlos Uchôa Junqueira Filho – É médico e iniciou sua carreira como assistente no Departamento de Psiquiatria da Faculdade de Medicina da Universidade de São Paulo (FMUSP). É membro da Sociedade Brasileira de Psicanálise de São Paulo (SBPSP), da qual foi presidente, e atualmente é professor de seu curso de formação. Idealizou, na década de 1990, os Encontros Bienais, visando debater a interação da psicanálise com os demais campos do conhecimento, e editou os livros deles advindos. É autor de *Sismos e acomodações: a clínica psicanalítica como usina de ideias* (2003) e tradutor de inúmeros textos psicanalíticos. Dedica-se ao projeto de mapear o impulso humano que leva dois seres a se associarem vitalmente para produzirem novas formas de convívio, gostos estéticos, padrões éticos e o enfrentamento de adversidades: a geração, enfim, de soluções originais para os problemas da vida. Este ensaio representa o primeiro resultado desse esforço, ao qual, espera-se, outros se seguirão.

Paulo Cesar Sandler – Médico. Mestre em Medicina pela Faculdade de Medicina da Universidade de São Paulo (FMUSP). Psicanalista didata pelo Instituto de Psicanálise Virginia Leone Bicudo da Sociedade Brasileira de Psicanálise de São Paulo (SBPSP). Psiquiatra no Instituto de Medicina de Reabilitação Física do Hospital das Clinicas da Faculdade de Medicina da Universidade de São Paulo (HCFMUSP). Tradutor de grande parte dos livros e artigos de W. R. Bion para a língua portuguesa, incluindo a primeira versão mundial de *Uma memória do futuro*. Autor de vários livros e artigos publicados no Brasil e no exterior, como *A apreensão da realidade psíquica* (7 volumes), *The language of Bion, a dictionary of concepts*, *A clinical application of Bion's concepts* (3 volumes), e *An introduction to a memoir of the future by W. R. Bion* (2 volumes).

GRÁFICA PAYM
Tel. [11] 4392-3344
paym@graficapaym.com.br